La noción de poema
y otros cincuenta años de poesía

(antología 1972 - 2023)

REPÚBLICA
PORTUGUESA
CULTURA
DIREÇÃO-GERAL DO LIVRO, DOS ARQUIVOS E
DAS BIBLIOTECAS

CAMÕES
INSTITUTO
DA COOPERAÇÃO
E DA LINGUA
PORTUGAL
MINISTÉRIO DOS NEGÓCIOS ESTRANGEIROS

Esta obra ha sido apoyada por la Dirección General del Libro, Archivos y Bibliotecas de Portugal (DGLAB) y el Instituto Camões.

Imagen de cubierta:
Serie A Caminhada do Medo IV (El paseo del miedo), 2011
© Graça Morais (Cortesía de la artista).
Técnica: Pastel y carboncillo sobre papel
150 x 111 cm

Título original: *A noção de poema e mais cinquenta anos de poesia*
© *Herederos de Nuno Júdice, 2024*

© Traducción: Lauren Mendinueta, 2024

El sueño de Europa es una colección dirigida por Lauren Mendinueta

© Editorial Difícil, 2024
editorial.difacil@gmail.com
www.difacil.com
I.S.B.N.: 978-84-10363-11-3
Depósito Legal: VA 653-2024

Imprime: Imedisa Gráficas / Impreso en España

NUNO JÚDICE

*La noción de poema
y otros cincuenta años de poesía*

(antología 1972 - 2023)

Traducción de Lauren Mendinueta

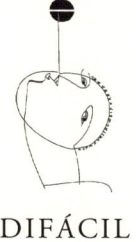

DIFÁCIL

NUNO JÚDICE, UN SUEÑO Y UNA EVOCACIÓN

La noche del 15 de mayo de 2024, dos meses menos dos días, después de la muerte de Nuno Júdice, tuve un sueño. En mi sueño yo estaba en el auditorio de la Fundación José Saramago en Lisboa mirando hacia la biblioteca del premio Nobel, cuando vi que alguien salía de detrás de los libreros y se acercaba a mí. Era Nuno Júdice, aunque con la apariencia de un adolescente, caminaba tranquilo y me sonreía con una sonrisa de niño travieso. Al verlo me sentí aliviada, como si estuviese frente a un hecho en el que nadie quiso creer, pero en el que yo había puesto mi fe desde el primer momento. Entonces, me dirigí a él con el tono entusiasmado que solemos usar cuando tenemos razón: «Nuno, sabía que no estabas muerto. Lo sabía». Él levantó los hombros y abrió la boca como si fuese a decirme algo, pero en lugar de palabras escuché una risa contenida, esa carcajada típica de las personas que saben reír hacia dentro. En seguida, Júdice adolescente, me dio la espalda y volvió a ocultarse detrás de la biblioteca. Entendí que era importante que nadie lo viese, por lo menos no en ese momento. Casi de inmediato, tan sonriente como su marido, entró al auditorio Manuela Júdice. ¿O debería decir, Manuela también entró en mi sueño? Nos miramos a los ojos, sonreímos, y sin decirnos nada entendí que pensábamos lo mismo: «menudo susto se van a llevar los demás cuando lo vean». Esa mañana me desperté sin sobresaltos y me sentí feliz.

Al día siguiente, 16 de mayo, dos meses menos un día, después de la muerte de Nuno Júdice, subí al auditorio de la Fundación José

Saramago y me planté en una de las entradas laterales mirando hacia los libreros. Sin ningún esfuerzo, lo vi caminar hacia mí, ya no un adolescente sino un hombre mayor pero vigoroso, el mismo Nuno Júdice que vi por última vez en el verano de 2023, antes de que cayese enfermo. Ese hombre, que ya no era el adolescente de mi sueño sino una evocación del adulto que conocí, también me sonreía. Unas horas más tarde, Manuela Júdice, la real, entró al auditorio acompañada por Pilar del Río. Nuestro homenaje de esa tarde fue sencillo pero muy sentido, y en él participaron, además de Pilar y Manuela, varios poetas, músicos y familiares. El auditorio estaba a rebosar.

El 17 de mayo, dos meses después de la muerte de Nuno Júdice, fui a buscar su tumba al Cementerio de los Placeres en Lisboa. Llegué en el tranvía 28. Crucé la enorme reja metálica. Tomé un camino al azar y fui leyendo despacio lápida tras lápida. Supongo que no quería encontrarlo. Supongo que quería perderme entre muertos ajenos y pensamientos propios, porque al rato, vi el lomo de un gato amarillo y después vi como el animal se escabullía entre las tumbas como queriéndome mostrar un comino, pero no lo seguí. En otros tiempos, me gustaba visitar las tumbas de escritores. Visité a Joseph Brodsky y Ezra Pound en Venecia; a César Vallejo, Julio Cortázar y Teresa Wilms Montt en París. Fui a saludar a Pedro Salinas al cementerio de Santa María Magdalena de Pazzis en San Juan, a Alejandra Pizarnik a La Tablada, el camposanto judío de Buenos Aires. Sin embargo, después de haber enterrado a algunos amigos y amigas escritoras, le he perdido el gusto a esas visitas. Jamás visité la tumba de Antonio Tabucci en Lisboa, ni me apetece visitar la de Ana Luísa Amaral en Oporto —aunque sí me he parado varias veces bajo la sombra del árbol que se sembró en su homenaje en los jardines del Palacio de Cristal de la misma ciudad—. Aquella tarde me senté en una banca del Cementerio de los placeres y contemplé la inmensidad azul del río Tajo. *Los ríos, como el poeta, se demoran en los puentes abstractos del poema*, dice un verso de Nuno Júdice. Esa tarde no encontré su tumba y decidí que jamás volvería a buscarla. Rumiando ese pensamiento volví a mi casa.

Nuno y Manuela Júdice fueron dos de los primeros intelectuales portugueses que conocí al llegar a Lisboa en el año 2007. En un periodo de 17 años muchos los libros en los que trabajé con Nuno Júdice: cuatro antologías de su obra, que preparé y traduje al español; siete libros de autores hispanoamericanos que le propuse traducir: Álvaro Mutis, Juan Manuel Roca, María Gómez Lara, Gioconda Belli, y en los meses finales de su vida, mi último libro de poesía, y las memorias de la poeta chilena Carmen Yáñez. Siempre me dijo que sí, sin titubeos, incluso cuando se trataba de un proyecto tan extenso como mi antología *Um país que sonha (cem anos de poesia colombiana)*; un libro de casi quinientas páginas que incluye poemas de 66 poetas de mi país. Guardo muchos recuerdos de esa época entre 2012 y 2013. Nuno iba traduciendo la antología al tiempo que yo seleccionaba los poemas y organizaba el libro. A veces él trabajaba más rápido que yo y me envía correos en los que me urgía para que le enviara más poemas.

En los últimos meses de su vida nos mantuvimos comunicados. Él estaba traduciendo mi libro *Vivir tan adentro* y yo estaba organizando esta antología para la editorial Difácil, la más amplia de su obra que se ha publicado en español hasta ahora. Este volumen, reúne *La noción de poema*, el primer libro de Nuno Júdice publicado en 1972, cuando el poeta tenía tan sólo 23 años, y una amplia antología que seleccioné de sus cuarenta libros de poesía publicados hasta 2023. En *La noción de poema* aparecen ya todos los temas capitales de su obra: la metapoesía, el amor, la muerte, la teoría literaria, la pintura, la música, el poema protagonizado por personajes históricos y el viaje. El libro se abre con una frase profética: «Yo invento una poesía que las máquinas podrían hacer». Por entonces, en 1972, nadie podría haber anticipado lo que las máquinas alcanzarían hacer, auxiliadas por la Inteligencia Artificial. Pero Nuno Júdice fue un poeta contemporáneo, un escritor con una enorme capacidad para influir en su tiempo y anticipar el futuro.

A veces busco en internet archivos sonoros con la voz de Júdice leyendo sus poemas. Hay muchos. Cuando los oigo tengo la sensación de que una parte su espíritu del se quedó atrapada en esas grabaciones. Además, escucharlo me resulta una manera de entrar en sus versos —tan marcados por la censura— para intentar reproducir su ritmo en mis traducciones.

Nuno Júdice fue un hombre silencioso. A veces podía dar la impresión de ser una persona demasiado seria, aunque en realidad, tenía mucho sentido del humor tanto en la vida como en su poesía. Atesoro el recuerdo de muchas cenas en las que Júdice nos contaba anécdotas graciosísimas, o participaba con comentarios deliciosamente punzantes, que hacían reír a todos los presentes. También, en una que otra lectura pública, Júdice dejaba asomar sus carcajadas interiores —a veces, incluso, tenía que parar la lectura unos segundos— mientras leía poemas suyos como ese titulado «Intercambios», que habla de un triángulo amoroso entre una amiga que se acuesta con un amigo que no la quiere, pero no se acuesta con el otro amigo que si la quiere, y al tomar ambas decisiones crea un conflicto insalvable entre todos. Me imagino que se divirtió escribiendo el poema, como se divertía cuando lo leía en público.

El domingo 17 de marzo de 2024, Júdice se despidió de este mundo en paz y rodeado por el amor de su familia. No sólo es el poeta portugués contemporáneo más conocido, premiado y leído internacionalmente, también fue el poeta lusitano que guardó la relación más estrecha con América Latina y España. Su producción literaria —de más de setenta libros de poesía, ficción, ensayo y teatro— es un legado inestimable para la humanidad. Quienes lo quisimos lo vamos a querer y a recordar siempre. Espero que mis traducciones lo sigan acercando al público de lengua española. Con este libro quiero honrar su confianza en mi trabajo de traducción, y darle las gracias por todo cuanto de él aprendí, para la vida y la literatura.

Lauren Mendinueta
Lisboa, 21 de julio de 2024

La noción de poema

(1972)

El arte, se dice, propone hoy problemas de su teoría en el propio acto de su invención. Se cuestiona a sí mismo en el interior de sí mismo; busca, en el gesto con que se crea, definirse, postularse, explicarse de la forma más cercana a sí mismo; más correcta porque elimina el proceso de dicotomía establecido por la existencia de dos oficios: el teórico y el práctico, y es más verosímil porque es mediante un gesto de invención (aunque presentado aquí con gran honestidad y claridad) como elabora su teoría, sus axiomas; porque su teorización sigue siendo praxis.

RUI DINIZ

Yo invento una poesía que las máquinas podrían hacer. Me baso en el principio de que el sentimiento es una forma gastada de composición. Cada una de mis palabras es un proceso formal. Nada es gratuito o descuidado y yo mismo, al incluirme por voluntad expresa en el poema, me deshumanizo y reencarno en el rito purificador de la emergencia lógica. No encontrarán en mí meditaciones lúcidas o juicios corrientes — apenas figuras contradictorias que el raciocinio sintetizó de ambientes reales y desesperados. Todo se puede reducir a fórmulas simples de movimiento. La vocación es un ritual que la matemática condena. La inocencia, una obsesión desvirtuada. Rechazo las explicaciones metafísicas. Miro de frente el mar en el crepúsculo. Cada coincidencia es un fenómeno natural. El mar incita al cuerpo. La voluntad de descreer. El amor resurgirá en la destrucción recíproca.

Intento expresarme en la verdad física del gesto. No hay sensaciones irreductibles a una palabra ni géneros inmodificables. Siempre me conformé con el yugo excesivo del poema y nunca, al asumir el materialismo estético, me permití limitar el poema, o tan siquiera trabajarlo. ¿Qué es la poesía sino el conocimiento desmedido de la imagen, la transfiguración plena de la regla en el horizonte, de la plástica en consciencia? ¿Qué es la palabra sino el río prodigioso de los sentidos, el espacio arquitectónico del orden? ¿Qué es la poesía sino palabra dialéctica, corazón vivo de la totalidad?

Frente a los labios secos de la realidad yo afirmo: la escritura comienza en el poema.

El poema comienza en la biografía. En un primer nivel, el poema cuenta al poeta. Sólo después el poema se inclina sobre sí mismo, se estructura una poética. No me di cuenta de esta tendencia interior de la palabra hasta que en una época, atraído por la intimidad, formulé juicios sobre el texto. Fue un juego que me ocupó tardes enteras y, al final, entre dos y tres horas por día. En la segunda fase lógica del proceso, comencé a profundizar en variantes formales que me apartaban de la intención inicial, sirviéndome, sin embargo, como esquemas paralelos de comprensión. Pasado este periodo, entré en un nuevo estadio de actividad utilizando como único material mi propia inestabilidad.

Un día, terminé durmiendo sobre mis innumerables manuscritos y experiencias. Tuve, en medio de la noche, un sueño revelador. Al despertar, me dediqué a redactar una nueva poética que incluyese un arte de comportamiento, es decir, una forma de unir estrechamente el arte y la vida. Decidí, entonces, reescribir un gran número de poemas sometiéndolos a una crítica rigurosa. Me pareció que adquirieron realidad. Muchos, reexaminado el sistema de relaciones que los sustentaban, pasaron a evocar superficies irreales, el viento de octubre en plena noche. Me quedé con una obra en manifiesto desorden; perdí la seguridad y el equilibrio que una estética de la palabra me aseguraba; pero gané presagio, insatisfacción, ruina. Y pude asumir las violentas consecuencias del poema, la voluntad de desorden, el espíritu inquieto de la creación.

APOGEO DE LA GRAMÁTICA

¿Cómo iniciar el canto, el homenaje a las ciudades
    imprevisibles 'del continente
fulgurante? ¿Cómo ordenar la sustancia nominativa de las ampollas
    alcoholizadas, el ajedrez
terrestre de una legítima sabiduría? Responderéis: la espléndida
    antigüedad
del desvío, la íntima conformidad de un estilo memorativo,
    de una poética
de exilio, de un verso equinoccial. Sin embargo, las gramáticas
    oficiantes
de una memoria occidental limitaron mi genio. Ellas me impusieron,
con la interioridad vocativa de la voz milenaria, la práctica prohibida
del presagio;
¡ellas me expusieron a la condena polar del sueño; ellas, en fin,
    estimulantes
tatuadoras de un álgebra animal, me ofrecieron la oportunidad
    única del Espejo,
la visión del doble lejano, la ingeniería medio trasnochada de
    las manipulaciones
narrativas, el esculpir óptico de las frases basílicas del litigio!

Iniciaré, pues, un canto solicitante al alcance del siglo. ¡Palabra,
solicitud aventurera de la exigencia, desorden curva del error! nunca

los indolentes recolectores de lo inconsumible osaron el alma. ¡Si
    supiesen ellos
las promesas del Múltiplo, nunca sus dedos aflorarían a la mirada
    lógica
de lo ritual, a la veracidad instantánea del párpado! ¡Si
    hubiesen florecido
sus imprecisas vigilias, ellos nunca habrían reverenciado
    la extrañeza frontal
del sofisma! ¡Si pudiese el navegador de labios murmurar
    el regreso, nunca
el verano habría fecundado el decidido vuelo de sus gestos! ¡Ellos
    son testigos fronteras de
un hábito de divinidad, constructores perceptivos
del reverso, intérpretes de la abjuración
del estigma! Ellos celebran la tensión preposicional
    del número — enfermos
de lucidez.

He aquí contra quién propongo el contagio temporal del poema. Atento
a la autoridad divina, esperando el reflujo atlántico de los
    vientos litorales,
habitantes de la reconstrucción del cisma, yo me concedo
    una incómoda herencia,
el silencio sangriento de la ruptura; yo reintento una civilización
segregativa, expurgada de la fumigación diurna de la vulgaridad;
    yo reinicio
la práctica de una aristocracia tumultuosa, lejos de las

métricas resignadas
de los cultores de celebraciones — elogiando la intención paranoica
del poema, el desespero enfático de la soledad, el color
espacioso de la genealogía...

Poema: ¡suspende el impulso ártico de nombrar! Tú abordarás
     la descripción
púrpura de una flor liberadora. Tus labios se plegarán a la oblicuidad
porosa de la prosodia. Ordenarás la extensa nomenclatura
     de la imagen. ¡No
te detengas en el irreversible estuario de la metáfora! ¡Cumple el
espíritu emisario
de las jerarquías otoñales! Ya regresan las aves anunciadoras
     del idioma. Ellas
dicen: «Está próxima».

Hela ahí — la ciudad.

ALMA, CUERPO INCIERTO

Oh el más estéril árbol de los inviernos —¡Nahman!— fruto
conversador.

Los dioses repudian los cultos municipales. Los arduos arrecifes del
    ritual. ¡Códice,
voz antigua! (Esos gritos permanecieron, mientras los carros fueron
sembrando con libros y manuscritos la carretera.) ¡Noble y maravillosa
composición!

Cúmplase el destino efímero de las bibliotecas. El hombre
    sobrevive a las herejías
iconoclastas, a la obcecada obscuridad de los idólatras. El poema
    conjuga la plenitud,
corrige la trascendencia. El pretexto deforma la expresión. Me resigno
a la armonía mortal de la respiración. Trazo una tabla con las grandes
alternancias. Formulo las imágenes disformes del verdadero arte.
    Ni las sutiles
reflexiones de la comunicación, ni el lenguaje obediente
    de las geometrías,
ni las metafísicas de una generación nostálgica, han de apartarme
    de este
camino — el viento en los árboles, palabras,
labios rumorosos, música indecisa — la creencia feroz en las

más lúcidas

filosofías.

Los años van pasando. La disposición del sufrimiento, el mundo íntimo
de la interrogación, la seguridad inamovible de la duda, fragmentan
    y transforman el alma,
los movimientos apenas esbozados, el juego difícil de la tentación,
    la fluidez
solitaria del tiempo, cansan el cuerpo y la mirada. La distancia se
    enraíza en la frase,
en los dedos, en la memoria. Tierra, nombre secreto, mar corriente
    de la enumeración. El lirismo
evasivo del símbolo. Rompo el silencio barroco de la escritura. Invento
el equilibrio injusto de la sensibilidad. La injusticia substituye al
    delirio — ¡dios!
¡dios! ¡claridad abstracta! ¡osadía formal! ¡tormento
nominado!
Pienso en la música inorgánica de las religiones. El ascetismo
    es un astro
místico. Inspiración, forma, pipa apagada que el crepúsculo
incendia — ¡he aquí nada y todas las cosas!
Llego donde pregunto: ¿por qué estoy aquí? ¿qué palabras, frases,
intuiciones me observan? Partiré cada mañana sin
    respuesta. Rechazaré hábil-
mente la comprensión, la sabia legibilidad de las conjunciones.
Esbozaré
el cuadro restringido de las maquinaciones experimentales.

Dominaré la voluntad
de usar, limitaré el instante movimiento de la virtud y la metáfora.
He aquí
cómo insinúo los varios reclamos del murmullo. El olvido
es una consagración tipográfica. La locura,
una caligrafía moral.

He aquí lo que está escrito. Y se mueve.

EXILIO

Las planicies áridas de una inspiración antigua me dieron a conocer
lo siguiente — que yo era un poeta único, el Anunciado,
 el iluminador de las tardes
violetas del Bósforo y de Anticlea[1]...y que nadie, durante los años
creadores de una imaginación múltiple, regresaría a las fórmulas
  arcaicas
que osaron los mediocres — furiosos de Vestigio[2]...

¿Y ellos? Devoradores de impresión, ¿qué celo sustentan todavía
sus cuerpos? Antes los influenciaba Saturno, el creador de Obscuridad
Divina... o escuchaban los horóscopos pronunciados en las márgenes
tempestuosas del sur...o incluso volvían a un lugar abrigado
a elucidar las profecías y comentarios de un pueblo augurio...
 ¡pero ellos
no oyeron nunca las matemáticas polares del sueño!

Llegué a un continente erótico. Los vientres
abultados de los árboles atraen a los animales. Oigo los gritos

---

[1] N.T. En la mitología griega Anticlea (Ἀμφιθέα) es la hija del argonauta Autólico y
de Anfítea (Ἀμφιθέα), esposa de Laertes y madre del héroe Odiseo. En este poema
N.J. convierte el nombre de Anticlea en topónimo.
[2] Idem. En portugués *Resto*, igual que en castellano, equivalente a lo que queda de
algo material o inmaterial. He optado por usar la palabra Vestigio porque la utiliza-
ción de la mayúscula en el sustantivo podría inducir a confundir la palabra resto con
un nombre propio.

de una tierra por habitar. El cielo es una superficie vegetal
que da música y llanto. En su sombra, los insectos conciben grandes
devastaciones en el interior solar de las higueras descarnadas.

Dioses... vosotros sois animales destructores... invoco
la memoria de un fruto amargo, la sabiduría corrompida en los laberintos
de la inteligencia. ¿Quién, decidme, la instruyó en los contornos
voluptuosos de la expectativa? ¿quién la sacrificó a un poema
lúbrico — como si la dádiva conformase la mirada material
    de los dedos? No
os celebraré... procuro la raíz solitaria de la locura
en las químicas orgánicas del tiempo... civilizaciones, frutos
podridos en los jardines suspendidos de una ciudad sumergida...
    vosotros
cederéis a la voz silenciosa de unos labios vírgenes... vosotros
solicitáis las respuestas transformadoras de un rumbo enfermizo... yo,
sin embargo, os negaré la eternidad... poema, huye a los pedidos
mórbidos de un espacio moral... enseña corrupción... odio...
    las formas
plurales de un amor diverso...

«¿Quién canta?», preguntaron las sibilas, «¿quién canta con voz divina
entre ruinas?»

LA PLAYA EN TOURGÉVILLE

«BOUDIN, Eugène – Pintor del aire libre, del
cielo y del mar, fue el primero que procuró fijar
los aspectos de constante transformación de la
naturaleza»

En este óleo sobre tela, firmado abajo, a la izquierda,
me parece ver el excesivo amor con el que, a veces, miro
el horizonte entero y las nubes, como si lloviera, como si el rostro,
bajo el peso de la humanidad, atrajera sus propias lágrimas.

En la orla del mar, manchas negras, nítidas, un grupo de mujeres
contempla, en silencio, en religiosa veneración, la espuma blanquecina
de las olas que revientan. No lejos de la tierra, y hasta la línea
        de los acantilados,
la leve impresión del vuelo de las gaviotas, aves marinas, sombras
        veloces sobre
el blanco oscurecido de las velas. Y el mar, forma encapotada
        en el pleno
gris del amanecer invernal, ambienta con vacío y dolor el conjunto,
absorbe el color, influencia indefinición. Ya en tierra, en
        la esquina inferior
izquierda, un hombre desatolla un carro del lodazal —y parece inmóvil.

Reveo al pintor al aire libre, pintando ese cuadro. Buscando,
en la rigurosa inmovilidad de los tonos, el movimiento natural
    del paisaje,
no necesitó psicología, no recurrió a la imaginación o al sueño,
no imitó — reconstruyó un ambiente, perfiló un horizonte, fijó,
liberado de técnicas, con movimiento sugerido, la playa
de Tourgéville, el mar. La proyección de impresiones sobre
    el suelo, el agua,
el cielo, la intensidad atenuada de la luz, todo lo que es efímero,
lo encuentro aquí — sin contrastes violentos, con soledad descendiente.

En el origen, la ausencia casi de dibujo. La sobria oposición de unas
manchas a otras manchas, el litoral sin el difícil contorno
    de los escollos,
formas extensas y asimétricas — esto es, un arte intimista que,
rechazando el barroco, asume la entera claridad de su propio
dibujo, rechaza el designio y la estética, se interesa, con sabio
misticismo, en la melancolía y la tristeza, en la furia tranquila
de la composición, en el estudio del alma y del paisaje,
    en el descubrimiento
de la sombra y del color, en el movimiento de la realidad, en la pura
    alusión.

EN BUSCA DE EVIDENCIAS

—¿Sabe? —dijo N. desde el fondo de una botella—, soy de una generación agresiva.

—Sus palabras tenían fondos grises.

Y C. se calló. Llovía sobre el mar. El barco se aproximaba a la playa, y yo podía verlas a ellas, desde la taberna, se protegían de los espesos golpes del agua con un viejo paraguas.

En aquel invierno hubo pocos peces. La aldea de las dunas se había quedado despoblada. Los techos de zinc y paja dejaban pasar la lluvia. Un día, el mar invadió la taberna. Yo bebía aguardiente. Me aseguré a una mesa de juncos, y conocí a N. Andaba ella desnuda en las noches de temporal. Los barcos la conocían. La última mirada de los ahogados era para ella.

Una noche la playa desapareció, tragada por el mar. Nadie volvió a recordar a la enigmática N. La misma C., borracha de sueño y juego, me decía:

—El sur es un gasómetro loco.

En ese tiempo el horizonte era blanco. Nunca tuve tanta soledad. Anduve en los barcos y conocí las madrugadas del temporal. Las aves se abrigaban en la desembocadura de los ríos. Me retuve en la escritura. Aprendí que hay palabras que dan un color impreciso a la frase.

Estudié los cambios del tiempo en el cielo y los árboles. Perseguí obsesivamente los silencios del litoral. Nadie me acompañó en ese trabajo. Me dediqué un día al cuidado de las aves enfermas. Se prendían de los juncos, en la laguna, y la marea llena atrapaba a las indefensas. Les conseguí jaulas. Cuando estaban curadas, y batían las alas con ansia de atmósfera, yo las cegaba con espinas de pescado. Después, dejaban de comer. Morían. Yo hacía almohadas con sus plumas.

N. me preguntó un día si yo sería capaz de arrepentirme. No le respondí.

MAÑANA DE OCTUBRE CERCA DE CIOTAT

En la víspera llegué a Saint-Tropez desde Dunoyer
de Segonzac, en Annonciade, y leí los pequeños poemas de Emily
Dickinson, escritos en ocasiones festivas y en cenas familiares.
      Sin embargo,
hacia el final de la tarde, la nostalgia del viaje me empujó a tomar
el autobús a Saint-Raphaël, y desde allí el tren hacia La Ciotat. Viajé
la noche entera, y llegué en plena mañana
de octubre, con la lluvia y el mar agitado, para
tomar café en el Au Petit Déjeuner, viendo las aves
sobre el mar. Oí entonces las noticias que llegaban de Montpellier,
      donde Peale
Bishop escribía las memorias para Fitzgerald, en un cuarto de hotel
caldeado por una chimenea donde ardían los diccionarios
y las obras de interpretación metafísica, que él había traído
desde Cape Cod. Fui a verlo después, en Le Croisic,
en la época en que el temporal destruyó el Casino, y allí encontré
a Ingeborg, la finlandesa
que se fue a vivir cerca de Alejandría, la pequeña ciudad
donde la encontré más tarde, y compuse un poema
que le dediqué a Fredrika, autora de una «Exégesis
y teología del sufrimiento». Fue, sin embargo, en la Ciotat donde tomé
conciencia de los meses en dirección al invierno, al mar
oscuro-sepia, a los reclamos

del paisaje. Y cuando volví, escribí en palabras
ese templo y pude, sin excesivo pesar, resguardarlo
de una memoria efímera.

EL TODO ES CREAR LA MÁS INTENSA RELACIÓN POSIBLE

Solo, como si fuera la primera vez, trabajo la página, de un lado a otro en blanco. Todas las posibilidades de ordenarla, su propio color en pleno corazón del verso (repetí en voz alta: su propio color, etc., y las dos voces se juntaron sin sobreponerse, distintas ambas en el silencio del cuarto, aunque yo procuraba la unidad, ¡lo Único!)

Sin ninguna certeza de cuál sería el verdadero resultado, repetí esta experiencia durante dos días (el número, por ahora, no es fundamental, sin dejar de ser importante). Al tercer día, durante el sueño, descubrí que podía escribir indistintamente de derecha a izquierda como de arriba hacia abajo. Los resultados se asemejaban, aunque la dificultad del proceso apresurase su propia descomposición.

Las olas entraban por la puerta del cuarto. Floté, al principio, buscando el horizonte entre las rendijas de las persianas, pero pronto me encontré un metro bajo el techo, un metro bajo el nivel del mar. — Los motivos del poema multiplicados por la distancia del fondo a la superficie: no precisamente por la distancia real, pero sí por un número que calculé (en función del ángulo dibujado por mi cuerpo y el piso).

El arte en contacto con la naturaleza — y yo solo, yo en relación con el movimiento de la marea (lo que un espíritu filosófico designaría como relación imaginaria, o paso de la realidad al mundo sobrenatural de la cualidad poética).

SEGUNDO POEMA SOBRE LA MUERTE

Buscando la paz de su corazón, Marie Pleyel vino a refugiarse en este castillo, en las montañas, un siglo antes de mi visita. Ningún llamado exterior la atrajo, durante los últimos años de su vida; ningún reclamo de lo transitorio o de lo material; ninguna superstición la apartó de él. En las noches en que el viento y la lluvia asolaban la montaña, ella acostumbraba sentarse al piano, en la sala enorme que la chimenea apenas conseguía iluminar, y componía las sinfonías desconcertantes que alguien, en los años desencantados, procuró reproducir después. La vasta correspondencia que mantuvo entre tanto, sobre todo con filósofos y escritores, la muestra inquieta con el destino y la muerte, pensando frecuentemente en el pasado, invocando imágenes desaparecidas y conceptos improbables. Ni el tiempo ni la edad podrían explicar ese estado de espíritu, aunque tal vez sí la soledad y el desespero incesante que la atormentaban. A mediados del siglo, cuando dejó de escribir a amigos y conocidos, repudiando definitivamente el contacto, decidieron que había enloquecido — olvidándola, abandonando las referencias discretas, los murmullos familiares, la ironía obscurecida. Sólo algunos hablaron de ella, en sus novelas, pero pocos se aproximaron a una verdadera comprensión de su actitud, acabando por referirse al dolor de alma y al desorden de la razón como sus motivos inspiradores.

En algunas cartas que Marie Pleyel escribió, incluso más que en esas obras exegéticas, se encuentran explicados los sentimientos y el terror que la llevaron a cerrarse al mundo, a resignarse a una muerte solitaria, a rechazar los sentidos. La voluntad de morir, el violento desespero de la comprensión, la búsqueda del conocimiento, la habían llevado a su propia tumba. Morir no sería un final de concierto, el brillo intenso de una llama al extinguirse, la consunción nocturna de un ocaso en invierno. Morir sería un trabajo de inteligencia, un ejercicio cuidado — crear distancia, invocar olvido, enumerar. Sus últimos años fueron la paciente preparación de lo oculto supremo de la agonía, la larga elaboración de un ritual fúnebre, como componer un réquiem. Las conclusiones a las que llegó — ¿quién las podrá conocer ahora que su cuerpo recupera olvido? No será difícil reconstruir algunas de sus actitudes, suponer ciertas formas de mirar, ciertos gestos, cierta disposición de los labios. No será difícil describirla reunida con la noche, en el invierno, llorando sobre el piano las elegías terribles de la soledad y del cansancio. No será difícil imaginar su última mirada antes de morir, cuando sus brazos empalidecían y el rostro adquiría tranquilidad.

SOBRE UN TEXTO MUY DETERIORADO

No era sólo un escritor, era un alma, ¡y qué alma! No hubo quien no lo conociera en la pequeña ciudad de Y. Acostumbraba a sentarse durante horas en un café, viendo la lluvia, escribiendo, bebiendo café tras café...Una noche, dejó de aparecer. Se encerró en su casa, tal vez por agotamiento, y se dejó morir. Leyó, inclusive, aquellos grandes volúmenes que se encuentran hoy en el museo municipal (en la sala que lleva su nombre); incluso escribió dos cartas, para después quemarlas, y hubo alguien dedicado durante varios años de paciente trabajo a reconstruirlas sobre las cenizas, lo que terminó por revelarse imposible; y supo, por lo que dijo en dos poemas que también escribió, que su fin no habría podido ser otro. No murió, se dejó morir. No osó siquiera procurar las causas de una actitud que no tuvo. Murió, pero podía haber vivido.

Al verme en la necesidad de escribir unas líneas (breves, pero suficientemente explicativas) sobre su personalidad, resolví consultar los archivos de la Biblioteca de Y. donde, al cabo de pacientes y arduas investigaciones, descubrí un mazo de papeles que el tiempo estaba destruyendo. Me llamó la atención en ellos la letra con la que habían sido escritos, una letra minuciosa y trabajada, a un tiempo atrayente e inhumana. Descifrándola, obtuve el texto insólito y perturbador que, no exento de miedo, transcribo aquí, llamando para él la atención pública.

«...este mismo juego. Y sin negarme, primero estableciendo y fijando sus reglas y modos, me he ido transformando en una táctica, en la ocasional defensa de mí mismo o en el riesgo plenamente asumido, en el cuadro limitado de las variantes que se me ofrecen. El primer síntoma se dio cuando comencé a perder sensibilidad, aunque el ejercicio de la inteligencia me permitiese la invención del ambiente, esto es, la creación fácil de un clima, de una tensión cuyas bases eran, no el equilibrio irracional de los sentidos, sino el hábito de juzgar, una larga práctica del presagio y de la intuición. También esto se fue degradando, reduciéndose, por fin, al ligero apunte de un hecho insólito, de una noticia amenazadora, de cuanto, en fin, me impresionaba más superficialmente, ya fuese por no interesarme agotar en un lance todas las posibilidades, ya fuese por la voluntad de sobrevivir que me impedía, por el completo conocimiento de una estrategia, destruirme a mí mismo...»

Procuré ignorar este texto, llegando, incluso, a intentar rasgarlo, una noche. No pude. Rechazo su comprensión, tomándolo al pie de la letra, como simple nota de ocasión. Hay muchas noches en las que no duermo y comienzo a pensar que estoy enfermando. Dejé de salir de mi cuarto y ayer, incluso, resolví no volver a levantarme. Intento con ansiedad no pensar. Escribo este texto para quemarlo — antes de dormirme, que el sueño me traiga el olvido, que no recuerde...

MATISSE

(periodo fauvista)

Cedió a los reclamos del talento. En «Saint-Tropez», por ejemplo
— el color
del mediterráneo, de los tejados, del campo, de los montes al otro lado
de la bahía,
en Saint-Raphaël. Es un lugar que exige el regreso, una mirada
demorada,
la consciencia saturada de objetos desordenados, guardados
en pedazos.

El volumen del cuerpo, en obras posteriores, vino sin embargo a marcar
las armonías periféricas de un movimiento de reflejos. Rompiendo con
la tradición, conservó inclusive el sentido sombrío de la composición.
Un fuego
que roe la planicie, un sol, un puerto con barcos. Retratándose a sí
mismo, con manchas de impresión interior, rechazó la perspectiva,
manteniendo
sin embargo la tortura del alma, el disgusto, el rostro contemporáneo
de una generación
metódica. De ese modo, llegó él a la liberación del color,
a la expresión intensa

de superficies sólidas, a la regulación de la obscuridad
— como si la sensibilidad
se opacase, sugiriese influencia, cambio, semejanza. Observándose.

Deformó el dibujo y el color. Tomando un asunto, no lo representaba
— su hábito
de transfigurar el objeto guiaba el gesto con que, en las horas fluidas
del sur, componía el cuadro. Usando la hoja rectangular, él observó que
poniéndola horizontal, la verticalidad del personaje produciría
otra impresión. Y añadió: «Será necesario, en ambos casos, operar
una reconstrucción.» Además, dijo que sacrificaría el conjunto para
no dejar
más de una línea, la cual reproduciría el objeto. Creía que ningún
elemento existía fuera de la influencia de los elementos que lo
rodean — la mano
del artista, concluía genialmente, debe reaccionar a esas influencias.

La continuidad de la cosa viva no se sustenta de su inmutabilidad.
El alma,
rellenando con rigor las formas del pensamiento, evoluciona
en la atmósfera opaca
de la metáfora. Cada imagen mental, dando origen a grandes órdenes
de revelación,
condensa las tempestades de la mirada en la reconstitución del
modelo. Las sugerencias
del espacio, como variantes musicales, resonarán creativamente en la

retina; la tela,
reteniendo en sus ángulos la pureza secundaria de la apariencia,
fijará el juego
de las proporciones en la eternidad arbitraria de las reglas;
  y el pintor, descubierta
la resonancia inicial de un tono entrevisto, se doblegará
  a las consideraciones
de la visión instintiva — y restituirá la luz interior de una ciudad
  marítima.

Frente a una pintura de este género, me arriesgo a formular una poética
de la intuición. Por afinidad — la memoria de algunas mañanas
  en el Vieux Port, la lírica
tensión de un concierto frívolo para violín, el espanto innumerable
  del espejo
— yo exalto las talentosas inflexiones de este eterno autor
  — atmósferas
sordas y tintas ensombrecidas, la convención del modelo y la energía
  de la imagen,
el canto preciso de un descubridor de futuros.

MODOS DESCONOCIDOS DE SER

La poesía es el teatro, me dice una voz interior. Representarme
en cada poema, crearme un personaje, una acción, un ambiente.

En una segunda revelación, vine a saber que toda identidad
es falsa, que yo mismo sólo accesoriamente soy yo mismo. No
tuve curiosidad para continuar este raciocinio; pero recordé
ejemplos concretos, poetas todavía vivos, algunos que conozco,
otros sobre los cuales escribí o leí textos explicativos,
biográficos. En un ritual por inventar celebré este descubrimiento
— compuse un poema, y este poema me afirmaba, al negarlo,
la posibilidad de ser, la reducción a uno sólo de los caminos posibles.

Conocí la primera de mis derivaciones. Me senté a escribir,
esperando una palabra, una frase, alguna cita
que me permitiesen avanzar, salir del lugar estéril de mi memoria,
escribir. Comencé por recibir una revelación central, el núcleo
del texto, la imagen que me proveía el asunto. Después,
desarrollando verso a verso esa primera intuición, pude
vaciarla de toda individualidad, hacerla olvidar en el conjunto
ordenado del poema, darle emoción en el ritmo propio de cada estrofa.

Una especie de destino sopesaba cada uno de estos innumerables
movimientos. La expresión descuidada, bajo el yugo implacable

de la forma, se transformaba en la habilidad de crear, esto es, ordenaba
la confusión del detalle, destruía los inconvenientes de la influencia,
propiciaba un discurso iluminado, una estructura impecable,
un poema de ejemplar clasicismo. Simultáneamente dominando
la sensibilidad, limitando rigurosamente la imaginación, excluyendo
el delirio y la inanidad, contendría el poema sus propias fórmulas.

Pues, para existir el poema necesitaría el poeta de inteligente
insensibilidad, no ceder, contener a cada instante sus
sensaciones, sus desequilibrios, su soledad. Se inclinaría el poeta
con cuidado y experiencia en el papel, escribiría formas
estables de vida, expresaría emociones verosímiles. Asumiría el poeta
entonces el destino impersonal de su poesía, sería él mismo el misterio
mismo de ser, una presencia obscura en los otros, in-
sustituible personaje de sí mismo, inventado inventor.

¿Quién, sin embargo, osará asumir este modo consistente de ser?
¿Quién rechazará las peticiones humanas de la vida? ¿quién
        lo reemplazará
en la indiferencia y en el tedio, en la privación y en la ausencia,
        en el poema?

OTOÑO

Creé el alma. La vegetación de países
irrepetibles. Vastas florestas bordean los caminos. Los muros
miran hacia el mar. A veces puntúan el cielo. Las olas se lanzan
sobre el litoral. El poema es cruel,
indeciso.

Preparé la nostalgia violenta de la creación. Me senté
en los bares marítimos de ciudades inglesas, esperando barcos
que no vinieron. Invoqué regresos, largos
viajes, caminos espirituales. Cada día me trajo
una sensación diferente.

Las hojas inundan el suelo. El terror
asola el altiplano, las poblaciones mórbidas
del ocaso. Una voz canta las mujeres obscuras
de Southampton. Llueve en el poema
desde hace algunos años. El poeta abre, finalmente,
el paraguas.

EL MOVIMIENTO DE LA OBSESIÓN

Sigo la corriente continua de la inspiración. Los ríos,
como el poeta, se demoran en los puentes abstractos del poema.

Tengo un proceso convulso de composición. Son vastos y arduos
mis dominios. Leí las insólitas escrituras de los místicos. Me di
        a un ejercicio
inquieto — reconstruir estados de alma, variaciones de rostros,
        la propia
dirección de una mirada. Fue así como perdí la fe. El equilibrio
        excesivo
del sufrimiento me evitó la duda. Conocí pintores y poetas. Vi
los crepúsculos indecisos de Francia. Vi Poitiers desde una ventana
        de tren. Comí
en la Acrópolis con Charrin y los griegos. Vi a Luis Borges,
        en la lluvia, recitando
a Verlaine junto al Source[3]. Respeto el sentido unívoco
de la puntuación. Guardo mis oscuras
esperanzas en un cáliz amapolado de gin.

---

[3] N.T. El Source era el nombre de un café en el Barrio Latino en París que en los años
setenta era popular entre las francófilas y francófilos portugueses.

44

Amé el color trágico de los dogmas, la tonalidad visionaria
de las astrologías. Elogio un arte durable, una estética incomprensible.

¿Me oiréis acaso, oh menos sordos? Nazco en la embriaguez dramática
de los ecos irrepetibles. Bebo estrellas a chorros. ¡Al diablo los sentidos
simbólicos, las metáforas vegetales, los lirismos inalterados! ¡el poema
es una enumeración de lugares, una experiencia del mito,
      la constatación
de lo absoluto! El destino
guía la seguridad aventurera del amor. He aquí la ciudad, rima
alcohólica de las más antiguas mecánicas.

El otoño es una impresión húmeda. En mi garganta
corre tu sangre divinizada. Mis labios son tus labios. Soy
un vasto fin de septiembre. Las aves locas caminan hacia el invierno.
      Esperé
este instante. ¡Bretaña, alegría interminable de las sonoridades
litorales! ¡memoria, viejo candelabro! Imagino
apariciones artificiales. ¡Triunfo de fecundidad! melancolía
— noche indecisa de un parque del siglo de las luces.

Ensombrezco con imágenes religiosas los nichos lejanos. El bosque
es un sentimiento próximo. ¡Muerte! ¡primavera
magnífica!

ESPERANDO A MATHIAS FERGUSON,
ASESINADO CON SU REGIMIENTO

Aquel poema donde acabé diciendo
que el invierno traería noticias del norte no resolvió
mis dudas. Ni su conclusión, ni mi estado
de espíritu, me dieron
claridad sobre la verdadera naturaleza
de la profecía; y si bien hoy, pasados muchos días desde el fin
del otoño, apesar de saber que mathias ferguson,
el trombonista, tocó en la madrugada, no oigo el tropel de los caballos
ni reconozco, en los colores indecisos del horizonte, los colores
victoriosos del regimiento. ¿Qué habrá sucedido mientras tanto? ¿Qué
    planicie
dio guarida a los cuerpos
de los soldados muertos? ¿Quién, en la soledad, habrá concebido
la desgracia para un país, y la duda obsesiva
para un poeta,
al sur?

REGLA DE COMPOSICIÓN

Gané el conocimiento seguro de la indecisión —alma, movimiento
de vulnerabilidad... oh balbuceo visionario de las palabras
    solitarias...
condena obscura... divina... imprecisa...

El lenguaje conceptual de los viajeros de la ruptura... Oh dioses,
¿quién persigue y ensombrece mis poemas? ¿quién celebra aún
    los elementos
primordiales del sufrimiento? El presentimiento luminoso
de un rostro.

Escribo contra la exigencia ética de los cultores de la realidad. Actuar
es una forma de modulación. La disponibilidad del alma consagra
    el hexámetro...
la locura avanza sin tregua... ¡apogeo
del otoño! ¡ansias de alma! ¿quién interpretará
mi silencio? Desentrañaré la lejanía... el peso intemporal
    de la exégesis... el verbo
sublime de una resonancia de indiferencia...

Oí esta palabra: dios. Ella surgió en relación recíproca
con el poema del que yo mismo hago parte. En el auténtico todo
    deberá ser

al mismo tiempo prodigiosamente coherente y misterioso...
  todo deberá tener
alma... la naturaleza se mezclará insólitamente con el mundo
del espíritu... nostalgia infinita del radiante fundamento
  de la realidad...
consumo de la expectativa... consuelo de la creencia en una idea
  absoluta
y trascendente...

La sabiduría me dictó esta imagen: muerte, perspectiva
de celeste infinitud.

Muro, espejo interior, energía metafísica de un corazón
especulativo... Dios nace en el alma. La intuición es mística. Yo soy
  para ustedes
comprensible. Concibo la conformidad idéntica del deshojamiento
de lo circunstancial y de la verdad humana... fundamento
  de la naturaleza divina...
estirpe turingia de la claridad indecible... Oh yo mismo, concepto
dúctil de una arqueología egocéntrica... Me cerraré en lo recóndito
del exceso... me sumergiré en mi ser en serena divinidad...
¡ascenderé a la certeza... ¡dios! ¡dios! ¡vocación formal!
  ¡descubrimiento de impunidad!

he aquí los modelos retóricos de una evolución posterior.

ITINERARIO
(fragmento)

¿Por qué te escribo? cuando los habitantes tributarios del poema
   descienden
a las orillas sombrías de lo ilícito; y la luz gráfica de la madrugada teje
   los hilos
doloroscs del sortilegio; y el cuerpo arcilloso de la vigilancia
exhala la corrupción articulada del doble...

He aquí el porqué — porque las músicas enfermas navegaron el otoño
alpino del sueño. Ahí, junto a los afluentes febriles de la vigilia,
   el río murmuró
las vocales marítimas de la rivalidad. Cantó un canto
primitivo. Este río atraviesa los valles
longitudinales de la vocación. Tiene el movimiento glacial
   de una madrugada
noruega. Es el configurador de eternos infinitos, el contacto litoral
con una erosión desaprovechada — la transformación báltica
   de los grandes
vapores oceánicos en cordillera votiva de las pulsaciones
   meridionales. Él sorprende
el perfil sinuoso de la influencia. Él rescató
la proximidad periférica de la conjugación. El río, bajando
   por las orillas
brumosas del exilio.

Se trata, pues, de rendir cuentas. Nací entre los llantos
ininterrumpidos de las hilanderas y la sombra adriática
del deseo. Mi nodriza, de crin esculpida en los furores
de octubre, me presagió el arrepentimiento maduro en el litoral estéril
de un fruto melancólico. Estancó en mi cuerpo la memoria
      de una infancia
gutural. No volveré a ver el rostro endurecido por las mareas
atlánticas. No volveré a beber, en los escalones del muelle,
      las palabras sonámbulas
de un improvisador de desasosiego. No volveré a las orillas confusas
de una soledad agitada. Intento coagular la neblina solsticial
del instante. Sin embargo, yo sé que la alucinación no volverá
      a golpear
el silencio ennegrecido de la época. Heme aquí desabrigado
      — deletreando la acidez
trágica del poema.

Me vino al espíritu esta página. Ella baja, como un río,
hacia los amplios estuarios del amor.

STÉPHANE MALLARMÉ

Acabó un poema escribiendo: «Estoy obsesionado. ¡El Azul!
    ¡El Azul! ¡El Azul! ¡El Azul!»
la nativa agonía... la rebelión inútil y perversa... huir... Hoy,
    dominado
por sentimientos contradictorios, con la gran consciencia
    de mi inutilidad,
indeciso frente a todas las cosas, yo pregunto: ¿quién me oirá? ¿quién?

Lleno el poema con la bruma antigua de sí mismo. No perdono a nadie
mi soledad. Levanto, sin embargo, un templo triunfal a una
    diosa enlutada,
¡dolor!, habitación obscura... El viento asuela mi alma desabrigada.
    Abetos,
hongos, musgos... paisaje... cielos cenicientos... En un otoño
    lamentable
llegaré a esta conclusión — me abandonaron a mí mismo...
    a la lucidez
dolorosa del espejo... a la nostalgia múltiple de las lágrimas...
    ¿Por qué no
me oyen? ¿hacia dónde huir en la rebelión inútil y perversa?

Me queda un gran odio por las palabras. El asco del poema,
    de los gestos

habituales de la frase... y el no poder hablar de cada palabra
que el verso
invoca... y una voluntad de resistir... de quedarme en el poema como
en ningún lugar...

Oigo el llanto aceitunado de la enfermedad. De una corrupción
interior. Yo sé
lo siguiente — que nadie, como yo, reta al amor del poema.
Un crepúsculo
de labios morados. Palidezco los horizontes sollozantes de la imagen.
He aquí
el cansancio — esta luz enorme que me obscurece el pensamiento...
presiento
la eternidad... el destino ulterior de gentes recíprocas de ausencia...

¿Quién me busca? ¿quién resiste al orden del tiempo? ¿a la lógica
interior
de una condena milenaria? Me encierran en su propio silencio...
en el rumor
imperativo de sus gestos... se prenden a la resignación feroz
del sufrimiento... ¿quién? ¿quién desafiará aún resistir a los pedidos
del doble,
cumplir el movimiento de lúcida abjuración? Se hace tarde para
los primeros
murmullos. Al norte el sol enrojece las cimas blanquecinas. Leo
la muerte en los límites interiores del mar. La belleza intransitiva
de no querer...

de partir hacia el territorio incierto de la mirada... hacia el tiempo
ritual...

Una hipérbole habita este poema. Ella irradia una luz triste. Estoy
junto al mar, oyendo la música insalubre de las aves litorales. Huyo
de una certeza
victoriosa — morir. Las olas derraman las frases suntuosas
de un continente excesivo. He aquí el solemne instante del deseo. Podré
decir... ensombrezco el polvo luminoso de los caminos del sueño.
¡Santuario! ¡Lugar
premeditado de las vigilias iniciales! ¿Por qué aquel silencio súbito
en las pendientes
neblinosas de la montaña? ¿Por qué el ruido imperceptible de una luz
viajera? Me doy a la casualidad... a la inesperada posibilidad
de la somnolencia...

Él era un poeta de la tristeza y de la sombra, de las flores vaporosas,
del azul de las corolas...Todo en él se ordenaba para un fin alto
y secreto...
Después de leerlo, todo les parecía inocente y cobarde... la precisión
extrema...

ELUCIDARIO DE LOS CREYENTES

Sobre los monjes muertos, en la capilla del monasterio, escucho
   el viento:

el poema transforma la realidad. Él es la fingida memoria del poeta.

Viendo el mar:

la diferencia entre el litoral que mira hacia el sur y el litoral orientado
al oeste. En uno, la vegetación rastrea subiendo las pendientes:
   en el otro, la hierba
baja casi hasta el mar. Casas. Inscripciones. Un lugar
deshabitado hace siglos. Un acueducto inútil.

La arquitectura de los acantilados simboliza el silencio. Ellos están
   cortados
en breve inclinación y su cuerpo se dobla evitando el mar. La mirada
   posee,
sin embargo, la llave soberana del regreso.

Viendo el mar desde la ventana del refectorio:

el sol camino del horizonte. El mar,
ondulación rastrera. Se oye aquí el viento. En este lugar, hace un año,

me imaginé
en la actitud de mirar los montes, la línea de separación entre la tierra
   y el mar,
la línea de separación entre el mar y el cielo, cada recodo humano
de esta sierra deshabitada. Mi Doble tuvo entonces un trabajo
doloroso: crear memoria. Él sabía — que la vida verdadera
es aquí. Él sólo podía partir. ¿Cómo permanecer en el lugar
procurado? El camino debe ser recorrido. El destino es una pesada
condena — aunque transitoria.

Sobre los monjes muertos:

ellos son innombrables. Sus nombres son
estas piedras lisas que yo piso del coro al refectorio. El viento,
   entre tanto,
silba las oraciones que ellos, en voz alta y por tierra, otrora
   murmuraron. Pero
este viento ya no es el que ellos oyeron. Ellos tenían oídos para los
   poemas
litúrgicos, para los sermones de Semana Santa, para los cantos
religiosos que cada uno de ellos componía. Oían el viento
en invierno. La tempestad doblaba el dorso de las montañas.
   El viento traía
el mar hasta el convento. Llovía
precipitadamente sobre los patios y las celdas. Ellos rezaban. Uno
   entre ellos pintó

los azulejos que ornan la entrada y el corredor. Otro,
fue un poeta místico. ¿Quién habrá sido,
realmente? ¿Y por qué? (repito
la pregunta: ¿qué soledad excesiva lo habrá inspirado?)

Heme aquí, el 18 de mayo de 1969, pensando en aquellos lugares
          y en sus poblaciones
muertas. Yo, un poeta desordenado, creyendo en la razón
          de las palabras,
sabiendo nada sobre mí mismo.

LOS CORREDORES DEL POEMA

En los muebles antiguos se acumulan las cajas impenetrables,
   los libros
inútiles, las cartas abiertas por el tiempo y por el olvido. Mi mirada
se pasea lentamente por los ángulos barrocos de las salas
   y corredores,
se demora en el vacío de las ventanas, en el trazado aristocrático
   de las puertas
y jarrones, en la cuidada disposición de los muebles, de las flores,
   de los ceniceros,
de las manos, de los brazos, de los ojos, de las lámparas enormes junto
   a las mesas. El
silencio devora con furor pensamientos y palabras. Un rumor
de cuartos llega desde el fondo de la casa como si todo lo que quedase
   de una alegría
antigua fuese el llanto murmurado de las cosas, un lamento nacido
   en las grietas
de los muros, en las fisuras de los tejados, de los desvanes,
   de los trasteros, en el fondo
de las arcas y maletas cerradas hace muchos años. Mi cuerpo se
   estremece entonces
en un vacilar de dedos, retrocedo junto al polvo acumulado, abro
   con la mirada
las cerraduras torcidas, las bisagras oxidadas, las gavetas,

agrietadas por el frío de muchos inviernos. Vago como una sombra
    sin memoria
entre recuerdos y reliquias, yo mismo soy parte de otro
tiempo y de otra gente, crepúsculo sin noche en lugares abandonados
del pensamiento. Vengo entonces al litoral del poema, me inclino
    atento
hacia el movimiento inútil de las palabras sobre las palabras. Duermo
    en la perpetua
inmovilidad del poema, en los recodos olvidados en una playa
    inaccesible,
litoral eterno de viajeros sin navío. Y el poema es esta casa
abandonada, el rostro bellísimo de imágenes muertas.

A 1400 METROS DE ALTITUD

El ruido de las aves salvajes, que rozan la cabina,
me despierta del sopor del viaje. Por un momento me apoyo en la silla,
miro al rededor y vuelvo a dormirme, sin reparar en los temporales de
arena y sangre que arrastran a la aeronave.

De vez en cuando veo una aldea, de noche, iluminada por grandes
hogueras. Abro la escotilla y grito:

—¡Llegó Dios! ¡Llegó Dios!

Sin ninguna certeza de ser escuchado. En ese momento, toda la
Tierra se queda en silencio, y oigo con claridad el ruido de las alas de
la Muerte.

DECADENCIA DEL CUERPO

En los anchos caminos del canto deambulan los viajeros
de la concordancia. Sus pasos dibujan un itinerario humano. Ellos
buscan un cáliz divino, el horizonte.

Los encontré. Venían de los países pálidos, de un punto del año
donde el cisne cruza las constelaciones meridionales. Eran
      los habitantes
de los golfos receptores del equinoccio. Transformaron en ceniza
      silenciosa
los usuales azules del crepúsculo. Tienen en los gestos un designio
      preciso — huir,
resignar el metal vivo de los utensilios matinales, incendiar. Ellos se
      duermen
en las orillas futuras del exilio. Son los conservadores de visibilidad,
¡los iluminados de la bifurcación de Casiopea!

Ellos me dieron a manos llenas los signos de pomposo atlántico.
      El poema
traspone con ellos las aduanas burguesas, la prudencia mercantil
      de una cultura
mediocrizada. Él desafía la ira divina al abrir las tierras intercalares
a la curiosidad de los labios. Él narra las arpas estériles
      de las escrituras

viriles, la usura rotunda de los cimientos del tedio, tibias encías
de los sedimentos del vestíbulo. Él deja las espumas lodosas
　　　del vestigio, la playa
inmensa de las mareas vocabulares.
Este poema tiene la nostalgia de la sinceridad. Él desafía los surcos
del murmullo en los juncos tabulares del gorjeo. Procuraré
　　　interpretarlo. Retomaré
el rumbo material de la estética, el rumor obscuro de los claveles
preliminares. Invocaré las borracheras resinosas de las tardes
　　　de nácar,
¡la obsesiva finalidad de las cabelleras tempestuosas! No vacilaré
en la reconstitución inútil de las penumbras maduradoras. ¡Ciudad!,
　　　¡lugar fragmentario
de la insinuación, génesis volcánica de los estilos funerarios, ánfora
　　　desenterrada
de las eternidades de obsidiana! Oh lugar, nueva manera
　　　de los centelleos vespertinos,
¡arde! ¡arde!, en los silencios antiguos de una futilidad
agrícola...

Y de repente amanece. Bebo la música luminosa de los abismos
gestuales. En la embriaguez cómplice del deletreo matinal un camino
se abre. Parto. Guía mis pasos el sonido pequeño de una flauta
　　　de cuarzo.
Me muevo en las orillas desabrigadas de impetuosos paisajes. Oigo
el torrente indicativo de los vientos arcillosos. Ellos representan

la advertencia. El poema

recuerda lo que ellos dijeron: «¡Huid! ¡resignad

el metal vivo de los utensilios matinales! ¡incendiad!» No me detengo.
   Sigo

El corazón perecedero del deseo.

HÖLDERLIN

He aquí cómo lo veo — ligeramente erguido, la pluma pende
de su mano, la mirada fija en el pintor que lo dibujó, el papel
    fuertemente
preso a sus dos dedos, el índice y el medio, de la mano izquierda, sobre
la mesa. Él es hölderlin, en sus años de experiencia y reflexión.

Escribió cartas a sus amigos y a su editor. En realidad, esta es apenas
una parte de su vasta obra. La carne verbal de su metafísica, esa
se encuentra en la placa metálica que imprime sus poemas. Creó
un estilo de ascendencia sobria. En verano, sólo los grandes calores
lo perturbaban, se sentaba entonces junto a la ventana, recitando
hacia occidente, hacia donde juzgaba se situaba Grecia. Su voluntad
    era,
ciertamente, instituir un imperio del arte, pero de eso lo disuadió
el ejemplo homérico —apropiación cultural de un elemento extranjero,
la sobriedad, lo más opuesto a la naturaleza oriental de los griegos.

Intentó lo contrario. La inestabilidad religiosa, que bebió en
    swedenborg,
contrastaba con la pérdida del carácter, experiencia particular
que siempre se repite. Genio intolerable, dominó el entusiasmo ex-
cesivo que en abril de este año pude constatar — leyendo las
    «Observaciones

sobre Antígona». Ahí, los principios sirven para marcar un profundo
desprecio por lo humano, para justificar los hábitos, lo que se deduce
por la carta de 1803 a schelling: «Es peligroso», afirma, «basar las
     reglas
de nuestro arte apenas en la perfección griega». Y concluye
     sacrificando
al destino la relación viva al idéntico que lo marca profundamente.

Él tenía la magnitud sobrenatural de la individualidad que,
reflejando su propio ideal, enfocaba concentradamente las pro-
porciones relativas de la ilustración. La extensión de los versos,
     determinada
por la largura del poema, era así afirmada como elemento innato
de la composición, todo lo contrario de una técnica ocasional,
     que separase
el conocimiento de la tradición. Desafiando, pues, la simetría,
     cerrando
la inteligencia a la interpretación moral y a la voluntad inspiradora, él
se ofreció, sacrificio magnífico de un cuerpo enloquecido, a la propia
inspiración,
la cual lo guió en los años desencantados de la locura.

Meses antes, sin embargo, pudo explicarse. La naturaleza de su país
se le volvió una obsesión. La estudiaba — a la tempestad, no sólo
como aparición suprema, sino precisamente bajo este aspecto, como
     poder

y como figura, entre las otras formas del cielo; y a la luz sagrada,
como principio modelador de las formas y como genial configurador,
de modc que su fuerza se juntase a los diferentes elementos
    naturales,
constituyendo la fuente magnífica del poema. Comentando la
    necesidad
de establecer contacto, él añadió que su camino, iluminado
por la filosofía nativa, era el de la alegría sin artificios — pura.

Probando su existencia, esto es, buscando aproximarme
a su voz ausente, yo concluyo, como él mismo, que las líneas
    de la vida
son diversas. Ellas son como caminos y como límites de las montañas.

DESTINO Y MUERTE, ASOMBRO

Hubo meses en los que no oí hablar de sonia, la genial intérprete
de los primitivos noruegos en los teatros de cronstadt, antes
        de la guerra. La vi
por primera vez en berlín, durante el imperio, y yo mismo me sentí
impresionado por su poderosa forma de crear la expresión
y el gesto de, extrayendo a cada sonido una precisa intención,
        concederle
ternura u odio, es decir, perturbar al espectador, crear
miedo. Después de cada representación, sonia se dirigía hacia
        una *brasserie*
junto a la puerta de guillermo — donde, regularmente, se reunían
        artistas
y bebedores habituales de cerveza y brandy. Allí, estando ella
        con amigos
comunes, llegué a conocerla, cayéndose de borracha, y balbuceando
        de pie
sobre la barra, el papel que acababa de interpretar. Después,
murmuraba antiguos poemas
de ciertos rusos, entre ellos aquel poeta, pushkin, quien había muerto
hacía poco en un duelo — ¡sacrificando la poesía y la vida
a una casualidad, a un mero accidente! Lloraba, entonces, recostando
        los cabellos
al vidrio húmedo de la ventana, junto a la cual se podía oír la lluvia
        que caía

con violencia sobre toda alemania. Los borrachos, mientras tanto,
se dormían uno a uno sobre los grandes bancos y el suelo,
mientras los más lúcidos elaboraban teorías sobre la vida
y el destino y se dedicaban a creaciones metafísicas
y morales. Por la madrugada, uno de ellos llevaba a sonia al hotel,
   y se dormían
ambos hasta el crepúsculo, poco antes de la entrada en escena. Nunca
   más, después
de esa época asombrosa, oí hablar de la actriz nórdica — hasta hoy,
   cuando al abrir
por casualidad este periódico, supe de su muerte inevitable, en pleno
invierno, junto a la frontera.

TRABAJO DE CRASIS[4]. EL DOBLE

Vi las grandes extensiones de arena y mar bajo el cielo oscuro y gri-sáceo. Allí estudié la duración de los días y de las noches, el vuelo de las gaviotas y de los cuervos, los trazos subterráneos de un alma incógnita. Pero no me limité a la descripción, ni al examen minucioso de los detalles. Busqué, por encima de todo, y de todo lo que está en la duración ordenada de la vida, lo que es efímero y accidental, un trazo genial de la divinidad, una mirada de las cosas, como si estas tuviesen una vida alterna, y fueran mis dobles, y me vigilasen obscu-ramente, sin inocencia, vertiginosamente primordiales. Y lo que yo veía en ellas, en los horizontes sucesivos que en cada madrugada emergían de la humanidad nocturna, era un rostro inaccesible, cuya percepción yo procuraba reproducir, o lo que de él me era revelado bajo esas formas materiales.

Venía yo entonces de la ciudad, donde había estudiado con una aten-ción inquieta mis gestos, mientras notaba un ambiente que se desin-tegraba, que procuré por eso mismo recomponer, dentro de mí, de manera que permaneciese intacto mi equilibrio interior. El poema, por

---

[4] N T. *Crase* en el original. En la gramática portuguesa, la palabra crase se refiere, entre otras acepciones, a la contracción de dos sonidos vocálicos idénticos. La imagen de las vocales idénticas que se contraen en una sola dentro de la palabra, le sirve al poeta como metáfora del doble, representación de dos iguales que terminan por ser uno solo idéntico a sí mismo.

esta razón, se volvió una forma demasiado equívoca y frágil, y pasé a escribir más demoradamente sobre mí mismo, a componer una sintaxis del Yo, que me permitiese con un gran margen de seguridad reproducir fácilmente los límites y las variaciones de una amenazada personalidad. Con el objetivo preciso de cerrarme radicalmente dentro de mí, partí entonces, un otoño, rechazando todas las formas de reclamo humano y concentrándome en las señales de mi existencia, de manera que pudiese reconstruir con entera precisión la imagen material de mí mismo.

Una noche, cuando me iba a dormir, oí el viento levantándose del lado del mar. Desde la ventana y el tejado de la casa me llegó un gemido calero y obscuro, y sentí profundamente amenazada mi soledad. Aquel viento duró toda la noche, cuando se aproximaban las grandes heladas; cerca del amanecer, llovió, y pude ver el mar en la claridad grisácea del día. Vagué por los desfiladeros hasta el anochecer, abrigándome bajo los árboles, y persiguiendo con frialdad el horizonte y el alma. Al liberarme de un dolor inmenso, cuando anocheció, oí sobre el gran soplo del viento una voz que me hablaba. Yo había nacido aquel día. Y me dormí sin remordimientos, como si todavía no supiese hablar.

IGUAL QUE UN RECONOCIMIENTO

Tuve una vocación divina.
Las multitudes acudían a mi encuentro.
Yo era su verdad.
Ahora no ocurre nada de eso. Perdí mis virtudes
y mis vicios. Podéis considerarme desposeído.
Una vez, en la Historia, dije: «¡Tengo una metafísica!» Ahora
no. Soy puro y ateo. Perdí mi inspiración en la lucha
entre las palabras y el sujeto. Considerad, por ejemplo,
que mis modales mantenían una topografía
de oposiciones; yo era contradictorio, pero en términos generales
había grandeza en mis contradicciones. Cambié. Estoy
nítidamente frente al ilimitado declinio de mis órganos, etc.
Y continué, aunque ya no calculaba cuál era el estado probable
de mi alma. Sólo el disgusto y la cólera me animaban a proseguir. Pude
sin embargo, guardar una cierta lucidez — la cual, como un ritmo
        poético,
se sobrepuso al propio sentido de lo que yo decía.
En virtud de esto mis oyentes perdieron interés
y acabé el discurso solo, en escena,
con las lágrimas corriendo por mi rostro.

LOS ESCALONES DE LA MIRADA

El gozo femenino de la hora. El manuscrito bellísimo de las letanías
  litorales.

Yergo en espasmos la decadencia. El sentimiento transforma
las estrofas, el tiempo. La mirada se fija en los frescos neoclásicos
de las villas venecianas. Los músicos recomponen a vivaldi, cada una
    de sus piezas
para placer y violín. La tarde arranca colores crepusculares
al fluido trabajado de los jardines. El tedio, por la tarde,
en los parques mediterráneos de niza.

Fumé desmedidamente en marsella. Dormí por la noche en cines y
bares,
mientras las tempestades se hacían y deshacían. Recorrí a pie los
    caminos del Sur,
junto al litoral, rechazando los bocetos y estudios de los Maestros. Vi
    el mar
desde las ventanas del museo matisse pensando en las noches
    del ródano
y del viento. A la mañana siguiente, desde el castillo, miré niza por
última vez — como si,
al partir, mi alma encegueciera. Noches en el tren. Los viajeros
nórdicos de los expresos continentales. Las tardes de sol en castilla

la vieja. Burgos,
por la noche, bajo la niebla.

En una primavera estuve en laredo, atlántico norte. Mis obsesiones
    deliberadas
exigían ese paisaje. Cada fragmento del litoral me perturbaba,

cada ciudad, cada monasterio. En lourmarin pude ver el castillo
y el cementerio. No osé, en ese momento, reconstruir el vocabulario.
    Compuse
personajes y transformé la frase, manteniendo, sin embargo,
    las características
de la puntuación. Conservé la imaginación medida
de las formas tradicionales. Se aproxima un fin de siglo
en los talleres iluminados de las cercanías del puerto. Proclamo
    la palabra
inútil, el gesto sin salida del poema.

Las calles desembocan en el enorme glosario
de los muelles y la ría. Por la mañana, al tomar el barco, dejo
de esperar.

Otros cincuenta años de poesía

(1972-2023)

Antología organizada por Lauren Mendinueta

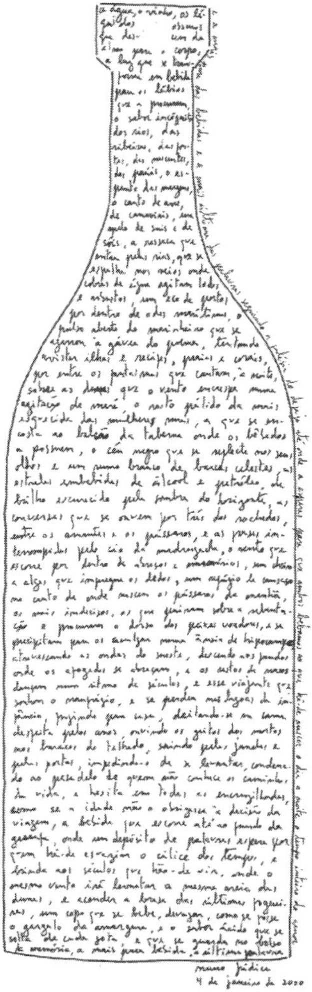
nuno júdice
4 de janeiro de 2020

EL AMOR, UN DEBER DE PASO

Fui envenenado por el dolor oscuro del Futuro.
Yo sabía ya que algo se preparaba contra mi cuerpo.
Ahora me retuerzo de agonía
en los versos de este poema.
Esta es la tierra, otrora fértil, que mis dedos dilaceran.
Mis labios están hechos de esta tierra,
son lodo caliente.
Voy a viajar por tu rostro hacia más lejos.
Mi hambre es haberte mirado
y estar ciego. Ahora sé que te abres para el fuego
del relámpago.
Tengo la convicción de los temporales.
Ya no sé ni lo que digo, ni lo que eso importa. Guía
de mis cabellos cortos, de la melancolía,
de la vida efímera de los gestos.
Ese día fui mejor actor que mi propia sinceridad.

La cesura me debilita el estómago.
Corté por la mañana las puntas de los dedos pero ya sé que
volverán a crecer para proteger las uñas.
Tal vez la vida sea extraña,
tal vez la vida sea simple,
tal vez la vida sea otra vida.

La línea blanca de la belleza es mi actitud que se transforma.
La violencia del sueño sube sobre mi conocimiento.

En algún lugar fui horizonte en la separación de los párpados.

EL AUTOR IN MEMORIAM

Atravieso las rosadas nubes de polvo.
Me arden las oídos, y por tener sed ya siento la aproximación
del puro animal hinchado.
Las hojas de vino penetran en el jardín.
Me quejo de la casualidad (por casualidad), me duermo y me despierta
el ruido de grupos compactos de aves.
¿Qué pienso de la vida para estar así? Todavía recuerdo
tus quejas, oh dios, y el sexo cerrado de las últimas mujeres.
Pero al halar el cobertor por encima de mi barbilla,
al voltearme en el útero sobre mí mismo,
al hartarme de excrementos encarnados de sol,
es todavía el abismo, la profundidad, el reposo en algún sitio
lo que procuro y me persigue.
Me acuesto literalmente a mí mismo, como el cochero al caballo.
Al partir hacia el horizonte
la luz dorada me hiere los ojos;
y bajo el riesgo sangriento de esta forma mi cuerpo se agita
y regresa a la maceta; esperanzado en ganar raíces.

UN REGRESO DE VIAJE

Al final de unas horas de carretera digo «te amo»
y tú, con la mano izquierda, apoyas tu cuerpo al muro,
y con la mano derecha me aseguras el hombro. Yo
concluiría de ese acto que mi propia vida
transcurriría en la dirección correcta,
pero no fue así, más bien,
he conocido los aspectos sucesivos
de un problema entonces iniciado.
Por fin me dejaste frente al café,
compraste cigarros junto al mostrador
y tomaste un autobús hacia tu casa.
Yo, regresando al puerto, pasé el resto de la tarde
viendo a los pescadores, en la pausa de la partida,
levantando del mar las grandes anclas esquizofrénicas.

PÁJAROS

Mudos, cambiados, mortificados,
están en los troncos posados.
en el anhelo solar de los tejados.
bajo cielos blancos y estañados;
por vientos abstractos y equivocados:
sin alas, los cuerpos inclinados,
muertos en los márgenes desolados,
sin cantos ni versos contados.
Fríos. Vacíos. Astros petrificados.

ÉGLOGA BLANCA

Con la luz que se derrama en ese claro
de eucaliptos con las hojas en sangre, respiro el agua
del río que corre dentro de los ojos
de la mujer amada. Subo hasta su fuente,
y el amor empuja la barca de las palabras
que intercambiamos, viendo el viento del deseo
llevárselas por entre las cercas. Recojo
hasta la última de sus sílabas, y las pego
al papel de mi memoria, para que guarden
los labios de quien las dijo, despacio, a
mi oído. Abro ese cáliz con la llave
de los dedos; los deslizo en un movimiento de la mano,
repitiendo el círculo de la Tierra alrededor
de la luna inmóvil en una intersección de espejos. Y
entro en el atrio del cuerpo al que los astros dieron
el nombre que deletreo en un ritmo de ausencia,
prestándome su divinidad. Persigo
el fulgor inmortal de la constelación más dulce;
y me recuesto en un lecho de fuego.
Entonces, abro la ventana de la noche. Cuento
los hilos de cada punto luminoso, en el cielo, como si
tocase los cabellos en que aún brillan
los murmullos de la tarde, y siento una súbita

inquietud, cuando un ruido de sombra se
sobrepone a la presencia de los amantes. ¿Qué
lugar remotísimo acogerá su abrazo? ¿O
qué eco solitario ganará de súbito la plenitud
de sus voces? Colecciono el ritmo de esos
corazones en la música que robo a su pecho
unísono. Después, ilumino ocasos, aclaro
penumbras, hago al corcel de la locura
resbalar por la colina de la pasión, apoyando
los cascos en los pedestales de su ciencia. Y
repito sus gestos, bajo un compendio
de copas, aprendiendo el canto
del follaje en un susurro de horizonte,
para que nunca más se pierda la raíz
del amor en este suelo plantado,
breve rosal en un sueño de
árbol.

CÓMO SE HACE EL POEMA

Para hablar de cómo se obtiene el poema
la retórica no sirve. Se trata de una cosa simple, que no
amerita perfección ni fórmulas. Se agarra
una flor, por ejemplo, pero que no sea de esas flores que crecen
en medio del campo, ni de las que se venden en las tiendas
o en los mercados. Se trata de una flor de sílabas, en la que
los pétalos son vocales y el tallo una consonante. Se pone
en el florero de una estrofa y se deja ahí. Para que no muera,
basta un pedazo de primavera en el agua, que se va
a buscar a la imaginación, en un día de lluvia,
o se hace entrar por la ventana, cuando el aíre fresco
de la mañana colma el cuarto de azul. Entonces,
la flor se confunde con el poema, pero aún no es
el poema. Para que él nazca, la flor necesita
encontrar colores más naturales que los
que la naturaleza le dio. Pueden ser los colores de tu
rostro —su blancura, cuando el sol viene a tu encuentro,
o el fondo de tus ojos donde todos los colores
se confunden, con el brillo de la vida. Después,
tiendo esos colores sobre la corola, y los veo descender
hacia las hojas, como la savia que corre por las
venas invisibles del alma. Puedo, entonces, tomar la flor,
y lo que tengo en la mano es este poema que
me diste.

LA IMAGEN DE LA FLOR

No voy a cantarle a este invierno como si fuera otoño,
ni a la caída de las hojas que inundan los paseos por donde
pasc, despacio, como si te llevara a mi lado, ni a
ese pájaro que se quedó aquí por error, y me trae con
su canto el horizonte de ruiseñores que tu mirada
me abre, cuando la fijo en la embriaguez del estío. Tal vez
sea ctro el sentimiento que inunda esta dulce estación
en la que la melancolía es redonda como una naranja que
se quedó, olvidada, en una esquina de la mesa: me refiero
a esa melancolía que madura cuando la primavera
está lejos, todavía, y me cae en las manos cuando la corto
de la rama que tu deseo alimenta. La arrullo,
como si fuera un recién nacido, y la poso en la tierra húmeda
donde la mañana ya deshace una neblina de soledad.

Ni voy a vaciar a la noche de su peso de música,
de los momentos en que tu voz la colma con su
murmullo de palabras, del luminoso eco de una
sombra que se deshace cuando tu cuerpo se libera
del espejo de la memoria. Abrazo esta noche, con su
vacío y su tiniebla, y tiro de dentro de la imagen
de una flor que me diste, con su centro entreabierto,
y un polen de frases con que se inicia la mañana
del mundo, blanca e inmensa, donde me esperas con

la sorpresa de la vida. Hoy, te vestiría del color del mar,
cubriría el cuerpo con un oro de marea, y
en tus cabellos enrollaría un viento litoral,
como si fueras el viaje y el puerto, al mismo tiempo,
el agua y la tierra en las que floto y renazco.

Y te veo, en esta línea de luz en la que se libera
una intimidad de respiración, con la realidad de tu rostro.
el dibujo del pétalo del verso que te envuelve, y
el breve gesto de la despedida en el que el amor se demora.

DEFENSA DE LO SUBLIME

Quiero este poema en lugar de lo sublime,
con una silla de niebla en el regazo de la estatua
y los senos de hierba teñidos de púrpura. Halo
la túnica hasta la abertura del vientre; y robo
al interior de la piedra un dibujo etéreo,
como si el paraíso estuviese en el centro
del ombligo, inscrito en la amalgama oscura
del amor. La moldeo con las manos del alma,
esculpiendo un cuerpo. A veces, percibo
su respiración, un palpitar de arterias
en el interior del mármol. Oigo un deseo
vibrante, el llanto de éxtasis que anticipa
el agotamiento, el susurro que permanece
en el oído cuando el sol se desvanece en un
horizonte de cortinas, y los vidrios reflejan
a los amantes. Y les doy el lugar que lo sublime
habita, con su rostro trabajado por el
cincel del sentimiento, raspando la cal del sueño
hasta dejar entrar el agua de la vida: la dulce
agitación de un abrazo, el perfil entrevisto
en una humedad de almohadas, labios
subiendo la breve colina de los párpados. Canto,
entonces, este canto que se prolonga en el corredor

del poema, apartando hacia los lados los obstáculos
de la indecisión, abriendo laberintos y callejones, hasta
las puertas de arcilla de la memoria. Las abro con
la llave de los murmullos que me prestaste,
girándola con los dedos del silencio; y
encuentro tu voz, con su fuego de sílabas, y
un ritmo de luz en cada palabra. Se trata
de un lugar sublime, ese donde la mujer
límpida se sienta, limpiando la niebla de esta
casa con su esponja de lenguaje, en una
impaciencia de secreto que el verso evoca.

LA DERIVA DE ULISES

Deshago un tapiz de sentimientos con la aguja
del horizonte. No hay ninguna Troya a la vista, ni se ve Ítaca. Sólo
éste mar: el azul por todos lados, como si de él viniera...
¿Qué cosa? ¿Qué ilusión de infinito se desmorona con la espuma
de las aguas? ¿Y qué abismo se oculta bajo este color
de donde llegan hasta mí los lamentos de quienes
no visité? Vosotros, cuyos cuerpos abandonados esperan aún
     el consuelo
de las plañideras: ¿por qué me censurarais el haberos
abandonado? ¿El haberos impedido la entrada a este barco? ¿El
     haberme
tapado los oídos a vuestras súplicas? No. No guardéis ningún
dolor para calmar vuestro recuerdo. Olvidé todo lo que
os pertenecía —hasta el color de vuestros ojos en aquellas
     conversaciones
de madrugada que precedían el combate, cuando esperabais
que os salvara la vida. Ahora, el camino es hacia delante. Rompo
las fronteras del alma. Rasgo las cortinas de la compasión. Abandono
el lastre de las quejas, conteniendo mi deseo
matinal de tapar la boca a los agonizantes. Derramo sal
sobre sus heridas; les seco la sangre con el fuego de las antorchas.
Invoco a las furias del temporal; los bramidos
de la noche; el gemido ronco de las amazonas heridas. Les digo

que me sigan por mi rumbo ateo, pisoteando el destino
que me entregaron. Mi gesto es éste: perforar los ojos
de quien me ve; abrir el pecho de quienes me aman: contar
los muertos que atiborran esta planicie, hasta gastarme los dedos.

CANTO MARÍTIMO

Entonces, Eneas se hizo a la mar, dejando tras de sí a la reina que
lo amó, la que por él moriría. No miró hacia atrás. No volvió
a ver Cartago, con las murallas y las torres que un día
también serían arrasadas, y aún no sabía que
su camino pasaba por el infierno, donde la sombra amada
lo esperaría, para pedirle por compasión un sentimiento, por breve
que fuera, que él no tenía para darle —El infierno, que atravesó
como se atraviesa una sala de espera, oyendo las quejas
de quien no tiene otro modo de huir de su soledad; y de donde
saldría con el deseo de respirar hasta el fondo del alma el aire libre
del mediterráneo, cargado de cielo y de viento favorable a la última
navegación: ese infierno, lo dejaría dedicado a sus habitantes,
y ni siquiera Dido llevaría en sus ropas ensangrentadas un leve soplo
de quien alguna vez la había amado. Voy tras de él, el ciego marinero,
y le ofrezco el cigarro que ayuda a superar el tedio del viaje. «Es
tarde para regresar», me dice, «nadie me espera, ninguna
patria, ni las aves que conocen el oráculo». No le pido
consejos, ni escucho el resto de lo que me dice, con los cabellos
sueltos por el viento de la eternidad. Mi destino es esa mujer
que no cedió al dolor de la partida, y teje con la mano del amor los
instantes que nos reúnen. Esa, con quien comparto el vino de la
añoranza, me da con su cuerpo el único viaje que nunca
termina, porque siempre su fin es su comienzo, en el abrazo

que nos refleja en el espejo del vértigo y nos devuelve después
a quien somos, más grandes de lo que, uno y otro, fuimos. En
la cubierta, sin embargo, Eneas se cubre con la túnica del olvido;
y sus ojos ven lo que no cabe en ningún pasado,
donde la sombra de Dido arrastra el peso de todos los amantes
que no se encontraron, mientras su llanto se prolonga en el viento
húmedo de esa noche que un navío surca, desde
siempre, sin piloto, a la expectativa de un último puerto.

COMPOSICIÓN CON BOTELLA Y FLORES

La transparencia de la botella pasa al fondo de la tela,
donde la luz transporta una impresión de agua. Puedo
verterla en el cuello del poema, y ver cómo las
palabras se limpian de su opacidad, incluso
se puede ver a través de ellas, mirar las cosas en su más
pura nitidez. Pero es apenas una botella, posada
en el mesón, reducida a la expresión más simple
de sus vocales y consonantes, de donde saco una
locución líquida hasta que su fondo queda seco. Vacía,
es una pieza decorativa que puedo llenar de
argumentos, como plantas, para que las ramas
de la frase se abran sobre la lógica de la mesa. El
vidrio sobrevive; y sólo la lógica, que me obligó
a substituir el agua por flores de retórica,
se marchita contra la pared, donde la
humedad cuarteó la pintura, dejando a la vista
el gesto de los adverbios y la madera podrida
de las conjunciones, en un realismo de naturaleza muerta.

MEDITACIÓN EN UNA PANTALLA DE VIDRIO

Como un lamento, dirigió a Dios
la oración aprendida en una antigua infancia;
y le pidió que volvieran la mañanas limpias
del verano, cuando un olor a bancas
de madera y leña quemada recorría el vagón
del tren que lo llevaba al mar. Entonces,
el pueblo tenía el tamaño del universo; y cada hora
duraba la eternidad que nunca llegó a comprender,
habituado a fijar fronteras en el tiempo —incluso
cuando ese tiempo estaba más allá de su tiempo,
que nunca terminaba de pasar. Su mundo era el espacio:
los campos que una vida oscura recorría, por la noche,
más allá de las ventanas y de los patios; o de esos acantilados
por donde corría el viento de la mañana, con su
vuelo de aves marinas.

«¿Por qué no conozco los límites
del hombre que me esconden? ¿Esa tierra de ninguna
divinidad, donde un rebaño de voces
reclama su pastor? El cayado de la indecisión,
que se entierra en el lodo del final?»

Llevó hasta la puerta la silla de los viejos; y se sentó
en el andén, a la espera de que alguien pasara —mujeres
camino de la plaza, campesinos regresando del campo.
el pescador que no sabe en qué marea tendrá que partir. Pasan
junto a él sin verlo; o como si su lugar
hubiera sido ese siempre, para juzgarlos, increpándolos: «¿Qué
vida perdéis por ese camino? ¿A qué horizonte
no llegaréis, nunca, con el sello de vuestros labios?» Solo
los locos paraban, como si lo oyeran; y
contaban la agonía de las libélulas, de regreso
de las lámparas nocturnas. Pero se olvidó de sus historias; y
les enseñó la salida, para que llegaran más deprisa
a lo divino.

«¿Por qué no fui con ellos?», dijo. La tarde cayó. Hace
mucho que no hay sillas vacías en la puerta de mi casa. Y
las lámparas de la calle, protegidas por pantallas de vidrio,
ya no queman las libélulas.

SEMIOLOGÍA

Digo: el amor. Hay palabras que parecen sólidas,
al contrario de otras que se deshacen en los dedos.
Soledad. O incluso: miedo. Las palabras, podemos
escogerlas, meterlas dentro del poema como
si se tratara de una caja. Pero no esconderlas. Ellas
se quedan en el aire, invisibles, como si no necesitaran
de los sonidos con que las decimos.

Ahora, el efecto de las palabras. Su rotación
en la cabeza, y por las arterias, hasta el centro:
el corazón. Otra palabra con la que se dice: el
amor. Pero no hablo de sinónimos; de sobra,
hay palabras que esconden lo contrario de lo que
quieren decir, y sólo las conoce quien ama, si
la vida no lo llevó por caminos confusos.

Te amo. También podría decir: la soledad
con que te amo, o el miedo de amarte. A partir
de una palabra todo se puede hacer, en una página,
y más cuando en ella hay un poema. Sin embargo,
esas palabras me conducen hasta ti, o sea,
te hacen vivir dentro de ellas. Por eso
todo se confunde: el amor, la soledad, el miedo
y hasta la vida, que también es una palabra.

ÁGAPE EN FORMA DE ODA

Vierto esta bebida en la copa de tus manos:
un líquido de vocales y consonantes, con
su espuma de sílabas; y la llevo a tus labios,
para que su color abstracto los tiña de
música, y su rojo se diluya en el breve
silencio de un río insonoro.

También yo comparto la bebida, y
una embriaguez de significados corre, con
sus alas invisibles, a lo largo de las frases
que el verso interrumpe, con su filo
de metal. Dejo que ella fermente
en un alambique de ocasos; y le robo a tu belleza
la inspiración que hace efímeras
las impetuosas estaciones de occidente.

Alineo en la mesa de la estrofa las copas
que este amor colmó. Las veo derramarse
cuando tu cuerpo se levanta de un vacío
de papel, como si el poema te hiciera
renacer. Te saco fuera de las palabras y te doy
esta forma que tu imagen ocupa,
con su impulso de nube
en la migración de la vida.

Y vacío tus manos, para
que las llenes con el calor que la tarde deja
caer, por entre tus cabellos,
hasta los hombros desnudos que un árbol viste
con la sombra de sus hojas.

SOBRE EL CONCIERTO EN D. MAYOR (R. 93)
DE ANTONIO VIVALDI

«Mis días pasaron», escribió Job, en el libro
que la tierra llenó de seca melancolía, para que los barrocos glosaran
su contenido. Sin embargo, es en Horacio, y en esa breve felicidad
que envuelve las cosas del campo, cuando las nubes dan lugar
a Febo, donde encuentro el compás del corazón que late en estos
versos, con su ritmo suave, que oigo cuando reclino el oído
al pecho del poema. Ojalá pudiera quedarme así, para siempre, en
esta marea
que sube bajo mis brazos donde tu cuerpo reposa, como
la gaviota inmóvil en el cielo del amor; después, recogiendo las pala-
bras
que florecen en tus labios, entrar en el océano familiar
de un horizonte apenas murmurado. «¿Qué destino nos prometió
uno al otro, en ese horóscopo que ningún astro mancha?» O sea
¿Por qué habría de interferir una constelación en la esfera terrestre,
cuando su lugar está en un cielo que los ojos no alcanzan? Son
esos los signos que me hablan, por entre las piedras antiguas,
los muros en ruinas, los barrios ciegos de un suburbio en el que nos
perdemos, hasta que me devuelves a tu risa
que disipa las sombras e ilumina las márgenes
del río que corre entre nosotros. Así, esta luz se demora
 mientras mis días pasan, y la tierra fértil de la estrofa se deja

embeber en los dulces líquidos de una erosión de cuerpos. Cubro
sus párpados con la neblina del deseo; y me dejo guiar por los labios
que persiguen la salida del ocaso, hasta anunciar esa eclosión
de madrugada en la que un brillo blanco irrumpe del espejo
para derramarse en la sábana de la página, de donde mis dedos lo
recogen,
como la primera flor de este día; y te la entrego a ti,
amada durmiente, para que la guardes
en el jardín secreto de tu sueño.

VARIACIONES CON PÁJAROS Y VERSOS DE RUY BELO

Yo quería mirar los pájaros
por las propuestas de ruy belo: verlos
en las ramitas de los árboles, como frutos
de verano. Y quería cogerlos
como si cada ala fuera un verso,
para hacer volar este poema
«con una referencia al corazón».

Así, podría contar las pulsaciones
del poema como quien cuenta las sílabas;
y ver las palabras juntándose
como los pájaros del otoño, sacudiendo
con la «innúmera mano» del poeta
naturaleza y filosofía, hojas
y aves cayendo de su música.

Y extendería los ojos de los pájaros
en esta hoja, abiertos como el alma de los árboles
en el otoño, para robarles el amor
que los pájaros llevan mas allá del horizonte
hacia donde las nubes lo empujan. Los contaría
con los dedos de ruy belo, en esa forma
complicada que «no funciona bien en poesía».

Después, devuelvo a los pájaros sus
ojos, y al poeta sus versos; pero guardo
el amor que sobró bajo las ramas de los árboles
de donde partieron los pájaros, dejando vacío
el lugar en el que los amantes se encuentran,
viendo «que los pájaros emanan de los árboles»
cuando su silencio llena el campo.

Y en estos pájaros de ruy belo también
«yo paso y se me cambia el corazón».

HISTORIA DEL ARTE

para Victor Manuel de Aguiar e Silva

Cuando sequeira pintó «la muerte de camões», lejos estaba
de imaginar que sus propios restos tendrían un destino idéntico
a los del poeta. El tíber, inundando la iglesia donde los enterraron,
devastó sepulturas y confundió todos los huesos, que terminaron
juntos en un sarcófago común. Lo que él tampoco
sabía era que esas cenizas se irían a juntar a las de su
cuadro, quemado por la multitud en rebelión, en el incendio
de las tullerías. Todo estaba lejos de su espíritu cuando
oyó al pintor gérard decirle que reconocía en él la mano
de un verdadero artista. Sequeira apreció el elogio; y, en carta
a su hermano, le pidió el favor de una encomienda de dos cajas
de naranjas, de las mejores, y de piel fina y de las más dulces, y
también mandarinas, para obsequiar al amigo, a
quien le habló de las uvas de lisboa, que eran mejores que
las francesas. En la conversación, gérard le dijo que el
mejor modo de hacerlas llegar sería una a una envueltas
en algodones; y es probable que naranjas, mandarinas y uvas
hayan llegado, de lisboa, a la mesa del pintor gérard,
para que él saborease su piel fina, y las más dulces,
junto a sequeira, a quien la «muerte de camões» sirvió
de motivo. Sin embargo, si él hubiese sabido que sus huesos

tendrían el mismo fin que las cenizas del poeta, tal vez no hubiese
desafiado el destino; a no ser que se fiase de las ninfas del tíber
como el poeta creía en las tajides. Un invierno, sin embargo, el tíber
pasó por encima de sus ninfas, tal como el tajo ahogó las tajides;
y si inundaciones y terremotos los aproximaron después de la muerte,
también en el exilio compartieron la misma añoranza de lisboa,
aunque sequeira recordaba las uvas, naranjas y mandarinas,
y camões a las mujeres, las de la piel más fina, y las más dulces.

NUEVA SUMMA TEOLÓGICA

Cuando pienso en la existencia de dios,
necesito un café. Sin embargo, al igual que
al llenar la taza sé que el café existe
debajo de la espuma, incluso
si no lo veo, también debería creer
que, del otro lado las nubes, existe el dios en que
no creo porque no puedo verlo. Y al
conectar un argumento con otro, comienzo a entender
que no existe ninguna razón para no creer en dios, así
como no tengo ninguna razón para no creer
en el café cuyo calor siento en la taza cuando la aprieto
para calentarme, mientras la espuma no se deshace. Y
podría ser este el motivo por el que al mirar hacia el cielo,
debería tener la misma sensación de quien sólo espera que
las nubes pasen para ver ese dios
que ellas escondían. Sin embargo,
la verdad que me impidió volver a creer
en la existencia de dios fue que tuve que beberme
el café ya frío, después del tiempo que esperé
hasta que la espuma se deshizo para creer
que había un café en la taza, y un dios
en el cielo.

DEDICATORIA

Para ti, de cuerpo abierto como la copa del
horizonte, donde se derrama el vino fresco
de la madrugada, es el poema que los dioses
olvidaron en una antigua encrucijada. Leí
para ti con la voz del viento cada una de sus
palabras; y ellas se soltaron del verso, como insectos
luminosos, robándole a tus ojos un
escenario de claros y colinas.

En el suelo, donde el mantel del amor se extiende,
nacieron las flores inextinguibles de la mañana. Cuento
sus pétalos en un ejercicio de lenta
matemática, dando color a cada número, y
tus dedos se tiñen de su fulgor,
robándole a la tierra los verdes que la primavera
declina, y al cielo los tonos de azul con los que
el verano llenó tu sombra.

Sacrifico al rigor de la imagen el perfil
que la transparencia sueña; y saboreo el agua
fresca del arroyo que corre en tus labios,
cuando me hablas, y todas las aves se reúnen
en tu regazo de nube. Desnudas, despacio, la túnica

de la tarde; y un resto de melancolía envuelve
el gesto que madura el deseo,
como un fruto, cuando los cuerpos caen.

Tú, cuyas manos se liberan del espejo,
dibujando la línea que el sueño atraviesa.

PREPARATIVOS DE VIAJE

Cuando hago la maleta, tengo que pensar en todo lo que
meteré para no olvidar nada. Voy al
diccionario y saco las palabras que me servirán
de pasaporte: el ecuador, una línea
de horizonte, la altitud y la latitud,
un lugar de pasajero insistente. Me dicen
que no necesito nada más; pero continúo
llenando la maleta. Un ocaso para que
la noche no caiga tan deprisa, el roce de tus
cabellos para que mi mano no los olvide,
y aquel pájaro del jardín que nació
en el patio de la casa, y canta sin saber
por qué. Y otras cosas que podrían
parecer inútiles, pero que necesitaré: una frase
indecisa en medio de la noche, la constelación
de tus ojos cuando los abres, y algunas
hojas de papel donde escribiré lo que tu ausencia
me viene a dictar. Y si me dijeran que tengo
exceso de peso, dejaré todo esto en tierra,
y me quedaré tan sólo con tu imagen, la estrella
de una sonrisa triste, y el eco melancólico
de un adiós.

ESPERANDO EL CORREO

Todos los días iba hasta la ventana cuando el cartero
llegaba. Las cartas que traía llenaban su costal
y yo esperaba siempre que trajera algo
para mí. El cartero venía en su bicicleta, subiendo la calle,
y cuando pasaba junto a mi ventana ya sudaba
a chorros, pero ni siquiera paraba
para descansar. Y yo seguía yendo
a la ventana, todos los días, como si alguna vez
el cartero fuera a sacar de entre las cartas que traía
la carta que me estaba destinada. Podía
ser una carta sin nada para leer,
una simple postal publicitando la cosa
que nunca compraría, un pedido de ayuda para
las obras de caridad de la iglesia más cercana, pero
ni siquiera eso me traía, continuaba
pedaleando calle arriba, cada vez con mayor esfuerzo
para llegar a la última esquina. Hasta que no volví a
oír el timbre de la campanilla de la bicicleta
en la curva allá abajo; ni oí ladrar, en el patio
del vecino, al perro que se ponía a ladrar cuando él
tocaba para entregar la encomienda
habitual; ni lo vi pasar junto a mi ventana
sin siquiera mirar hacia mí, como si

yo no existiera. Y al día siguiente, el cartero subió
la calle, no en la bicicleta, sino acostado en una carroza
fúnebre. Nadie lo sustituyó; pero cuando dejé
de esperar que el cartero llegara hasta mi puerta,
por fin, tocaron a la puerta para entregarme
una carta que era apenas el aviso
de que el cartero me esperaba en el lugar
donde lo habían llevado en la carroza fúnebre, para
entregarme todas las cartas que yo esperaba, y que
quedaron en el fondo del costal, de donde él
nunca las sacó.

A PARTIR DE UNA IMAGEN DE
SANTA TERESA DE ÁVILA

Olvido la visión que los místicos dieron
de la vida, y de lo que hay más allá de la vida, para
concentrarme en el instante que precede
a la visión. Intento reconstruir la agonía del cuerpo,
y después su éxtasis, que hacen parte
de un proceso apenas físico, para explicar
la revelación de un algo inexpresable que, a partir
del momento en que las sensaciones lo aprehenden,
se torna objeto de la inteligencia y se aleja
de lo que puede ser designado como pura emoción,
y es descrito como plano de dos lenguajes: el
que usan las palabras, y así permite la comprensión
del instante en el que lo sagrado es absorbido
por la carne, y ese otro que sólo es legible en la expresión
de la cara, en los ojos que se dirigen hacia lo más
profundo del ser, y en la orientación de las manos,
sostenida en la vacilación entre lo alto y lo próximo,
impidiendo que se descubra la dirección justa
en el gesto en el que quedarán suspendidas. No sé si hay
más que decir: el místico vive para sí mismo,
y prefiero dejarlo a solas con lo que sólo él
conoce, y llevarme esa imagen que

111

algunos interpretan como el deseo de lo sublime,
y yo me limito a describir bajo la forma prosaica
a la que obligan las palabras, cuando ningún dios
vino a dictarlas.

PASADO SIN NOMBRE

En la fotografía, sólo tu rostro quedó
desenfocado. A tu alrededor, la lámpara, la mesa,
los sofás, las cortinas, están nítidos, y casi
podría tocar cada uno de ellos
y sentir la suavidad del terciopelo, la madera,
el frío del metal, como si las cosas
saliesen de la imagen para venir
junto a mí. Pero tu rostro, de líneas
difuminadas bajo la mancha del cabello,
me obliga a preguntarme a qué cuerpo
pertenece, y en qué día oscuro intenté
capturar tu apariencia, sin reparar en
tu movimiento cuando presioné el botón,
tal vez para que no quedaras presa
en mi mirada. Así, al verte salir
de una caja de papeles antiguos, es
como si ya supiera que te iba
a perder, o como si hubiera querido
que un día, al mirar lo que quedó
de la tarde en que nos amamos, tuviese
que preguntarme quién eres, cómo te llamas,
y qué destino me impusiste cuando
al obligarme a recordar por qué guardé,

en medio de papeles inútiles, la fotografía
en la que apareces desenfocada.

RECORDANDO

Al ver tu rostro en una fotografía antigua, no imagino lo
que los años le habrán hecho. Los cabellos negros podrían estar
blancos; el rostro vestido de ojeras de tiempo, o
de arrugas; en los labios lo que era una sonrisa contaminada
de ironía se habrá transformado en el trazo amargo de un
escepticismo sin remedio; y sólo los ojos podrían aún mantener
la luz de fondo verde donde tantas veces me perdí. Sí,
es lo que el tiempo nos hace, podrías decirme si acaso te
encontrara, por ahí. Pero los caminos de la vida, que nos
llevan a tantos desencuentros, no pueden evitar que
haya pasado a tu lado, un día cualquiera, y ni siquiera te
haya reconocido, como si fueses otra, y en tu
cuerpo de hoy nada hubiese sobrado de un breve amor.

PROYECTO

En invierno, hacer un poema con el barro de los caminos, donde las
botas se entierran y los pasos son lentos; y cuando llegue
la primavera, arrancar los versos de los tallos y ponerlos en el blanco
de la página para que el sol los caliente con su fulgor. Ver la sombra
de las nubes que el viento se lleva lejos, y oír los cantos de los
pájaros en un intervalo de palabras, para que el silencio no se
instale en cada corte. Y si fuera preciso, que las imágenes caigan
para que la estrofa se equilibre sobre los cimientos del símbolo y
pueda reconstruir, desde las ruinas, el edificio del poema para
habitación del hombre, por frágil que sea, en la tierra de nadie
de su soledad.

LA CREACIÓN DEL MITO

Los mitos se conservan si los metemos en una vasija de barro,
 sin agua,
sólo con muchas hierbas, de preferencia aromáticas, y algunas hojas de
laurel. Después, se le tapa la boca con una tela gruesa y se ata con una
cuerda, antes de levantar la vasija y llevarla para el sótano, donde
 tendrá
que quedarse cerrada algunos años, o mejor, algunos siglos, antes
 de que volvamos
a abrirla. Puede ser que los agnósticos vean en esto una contradicción:
 si la vasija
sólo puede ser abierta dentro de unos años, o mejor, siglos ¿quién
 quedará para
ver si el mito se conservó? Los incrédulos tienen siempre argumentos
 para
contrariar al inventor de mitos; y lo que puedo responder es que,
a pesar de estar cerrado y escondido, el mito no necesita ser
abierto para que lo verifiquemos, tal como el corazón de los amantes
no tiene que ser arrancado del pecho para que, uno y otro, sepan que
el amor existe y late en sus cuerpos. Por lo tanto, concluyo, basta
saber que la vasija encierra el mito para reconocer su verdad; y,
a lo sumo, podemos acercarnos a la tela que tapa la vasija y
aspirar su aroma, divino como el perfume del amor y sagrado
como el sentimiento que lo acompaña.

PREGUNTA RETÓRICA

Finalmente ¿para qué sirve la poesía? ¿Cuántas
líneas de trenes puedo construir con versos,
qué paredes levantaré con la argamasa de las vocales,
qué mares atravesaré dentro de una estrofa? ¿Y qué
poema me hará vivir el domingo inmenso en que
la rima sonará como tu voz, y el sentimiento
súbitamente revelado me abrigará de los aguaceros
de soledad, cuando no encuentre un abrigo
para el alma? Digo que no puedo olvidar
el corazón con las metáforas, ni dar vida a la rosa
cuando aparece en un título. Entonces, lo mejor es dejar
la poesía en el baúl, o meterla en una gaveta de cartas
sin abrir, de plumas sin tinta, de fotografías
desteñidas, esperando que alguien, algún día, la descubra
y no ponga todo en la basura. Y si, al elegir lo que es
inútil, se pregunta qué hacer con los mecheros sin gas,
puedo responder que también la poesía, que parece tan inútil
como ellos, me sirvió para encender la llama del poema
y verla arder, frente a mí, iluminando
todo lo que, en esa gaveta, parecía inútil.

TREN CORREO ENTRE BEJA Y LISBOA
(finales de los años 50)

En aquel tiempo el tren paraba en todas
las estaciones: el tren correo, camino de lisboa,
llevando familias de provincia para pasar el año
nuevo con los parientes de lisboa. En esas paradas,
cuando se hacía el silencio
después del chirriar de los frenos, el jefe de la estación
anunciaba el nombre del pueblo: aldeas que sólo existían
de nombre, para quienes viajaban en el tren, por la noche,
camino de lisboa, y se reducían a paradas
de luz apagada en medio del campo. A veces entraban pasajeros
con grandes maletas y cestos de frutas. Era la única distracción
del carruaje nocturno: verlos acomodar las maletas
y los cestos antes de sentarse en silencio
en los bancos de madera de esos trenes de invierno. Pero
en la estación de beja era distinto: allí las vendedoras
asaltaban los carruajes, vendiendo agua en botellitas
de barro. Yo pedía agua, no por el agua sino para quedarme
con una botella de barro, a la que se le parte el cuello
enseguida, pero que dejan en la boca un sabor puro a tierra. A veces,
quienes vendían el agua eran niños de ruanas abrigadas
hasta el cuello. No decían nada; y
pasaban despacio por entre los bancos, mirando a derecha

y a izquierda, como si quisiesen llevarse con ellos
el destino de cada uno de nosotros. Me pregunto, hoy, si
el mío no se habrá ido, de hecho, pegado a una de esas miradas; pero
después me acuerdo de la pareja que se abrazaba, frente a mí,
mientras la noche iba pasando camino de lisboa. Su destino,
ese, fui yo quien lo robó: el amor nocturno, en un banco
de tren, mientras el tiempo pasa entre beja y lisboa; y
lo tiré al río, en esa noche fría entre navidad y fin
de año. En aquel tiempo el tren paraba
en todas las estaciones, el tiempo en que el único destino del amor
era ser tirado al agua, al final de la noche, antes que
la luz de la madrugada cayese sobre
el invierno de lisboa.

LISBOA, AÑOS 60

Está vacío el jardín donde nos encontrábamos.
Nadie se sienta en aquel banco en el que me diste la mano.
No se oyen voces infantiles a lo lejos, la garantía
de que estábamos solos.
Ni había coches pasando, como ahora pasan.
A veces, uno u otro hombre se demoraba mirándonos,
como si no lo viéramos por detrás de los arbustos.
Era el momento de cambiar de sitio, había una terraza
allí muy cerca.
Las mesas, al final de la mañana de otoño, estaban vacías.
Podíamos elegir la más apartada de la puerta del café, y estábamos
lejos del alcance del camarero.
Pero ni siquiera ahí dejabas que yo te besara.
El amor tiene otras implicaciones, y no sabías qué hacer.
Apartabas el rostro a pesar del frío.
Hablabas de asuntos laterales, había siempre política
para huir de lo que interesaba.
La ropa se protegía del frío y de mi mirada, cuando
buscaba tu pecho.
Y cuando nos marchábamos, en los caminos del jardín vacío
en el que nos encontrábamos, íbamos con la cabeza vacía
por no poder pensar en los que perdíamos.
Pero era el tiempo en que todo se perdía.
El tiempo en que mañana parecía que nunca llegaría.

RETENIENDO LA METÁFORA

Había una luz que no se apagaba,
manos en el vacío la buscaban,
humano fragor envuelto quedaba
en flujo de gestos lo fabricaban.

las saudades que nacían en presencia,
los cuerpos que uno a otro se entregaban,
amor que la cura llama dolencia
partir con el otro cuanto deseaban.

Ver centrado en la flor el polen entero,
como abejas los labios se buscaban,
probar en su miel un amor postrero,

despacio abrir lo que en la flor guardaban,
sentir para siempre ese fuego primero,
verlo arder en los ojos que lo atizaban.

EPIGRAMA

Te abro la puerta del poema; y tú
espías hacia dentro de la estrofa, donde
un espejo te espera.

COSTUMBRES DE LA BURGUESÍA

Las criadas vivían en el cuarto del fondo
de la casa. Allí estaba su lugar, cuando no estaban
sirviendo; y cuando cerraban la puerta, no se sabía
cómo eran sus vidas. Eran viejas, a veces,
y jóvenes, otras veces; pero estaba prohibido mirarlas, como
si no existieran, y sólo el roce de sus batas en los brazos
de quien estaba sentado en la mesa hacía de ellas algo más
que seres inmateriales que sólo existían para servir,
para oír los gritos de censura cuando algo salía mal,
o para obligarlas a escuchar los encargos del día, sin que
pudieran responder. Más allá de ellas mismas, nadie sabía
lo que hacían, o si se encontraban con alguien, o
apenas vagaban en las calles más cercanas
porque ni siquiera sabían tomar los transportes
ni tenían adónde ir. No se sabía
adónde habían crecido, ni si habían vivido o amado
a alguien, ni por qué llegaron a aquella vida
sin nunca haber pasado por la escuela. Las criadas ocupaban
los cuartos del fondo de la casa; y cuando se acabaron
las criadas, los cuartos siguieron cerrados, como
si ellas estuvieran dentro todavía, esperando la orden
para salir.

MUSA

Entre tu cuerpo y el paisaje veo abrirse
la distancia que me lleva de mí a ti. Y si
entre tú y yo otra distancia no hubiese,
me limito a contar los pasos que doy para
que la cuenta no acabe. Tú, sin embargo, me miras
desde el fondo de las tablas, y dejas que tu brazo
sea la regla donde la distancia se mide
por el abrazo que falta. Entonces, acierto la cuenta
por el triángulo que el otro brazo forma,
cuando aseguras la cabeza, y cierro en ese ángulo
la suma de dos cuerpos que totalizan el amor.

MENÚ

No es imaginación lo que falta en la mesa
del poema. Sirvo lo que me piden cuando
presento los versos del día; y si alguien
se queja porque no tienen la forma deseada,
le doy a escoger entre la oda y el soneto,
o una simple cuadra, y así nadie puede quejarse.

Sin embargo, cuando me piden la receta
el problema que surge es otro. No puedo
compartir lo que sólo yo sé cómo se hace. Dicen
que todos deberían hacer poesía, pero la verdad
es que sólo algunos conocemos las cantidades
correctas, el peso de cada porción, el tiempo
necesario para que el sabor no se arruine.

Y aquí está el resultado: un poco de la poética
de aristóteles, y un poco más de la que horacio
escribió; restos de vocales que perdió rimbaud,
los mejores fragmentos de mallarmé, otro
inédito de pessoa. Añadir la sal de la soledad
al azúcar del amor; y poner todo a fuego lento
para calentar el corazón, sin quemar el alma.

Y cuando todos se marchan, satisfechos
con el café de la inspiración, me quedo solo en mi lugar,
y tú junto a mí, en la mesa del poema.

LA NUEVA NORMALIDAD

Ahora que los vecinos no pueden salir
de sus casas a la calle, la única libertad que tienen
es salir a sus jardines traseros, y la única
libertad que yo tengo es ver lo que ellos hacen.
Antes los patios eran depósitos de basura donde
crecía la hierba en medio de muebles en desuso
y escombros, y los únicos habitantes eran
las palomas. De repente, los patios cambiaron
de aspecto. Comenzaron a retirar la basura,
durante algunos días se oyó el trabajo de las máquinas
para cortar el pasto y los arbustos salvajes, y
aparecieron mesas y toldos para almuerzos
al aire libre. De repente, los patios surgieron
floridos, los árboles libres de ramas
partidas y plásticos, es decir, el paisaje
que veía desde mi balcón trasero
se transformó de una semana para otra,
y apareció una vida que nunca había visto:
de un lado naranjos cargados de color
naranja, del otro el amarillo de los limoneros,
al fondo el rosado de los rosales hasta ahora escondidos
detrás de cajas y envolturas de antiguas mudanzas.
Y ahora, si quiero confirmar que el mundo sigue

habitado, en lugar de mirar hacia la calle miro
hacia esos jardines traseros y hasta oigo,
de vez en cuando, ruido de niños que
juegan a la pelota, conversaciones de vecinos
almorzando en el patio, perros que corren camino
del portón. Y en el patio de al lado, en la pausas
de las clases a distancia en el computador, uno de los
estudiantes de la planta baja hacía ejercicio. Todos
los días se dedicaba a las flexiones, a las carreras
circulares, al movimiento con los brazos. Hasta
que ayer, cuando lo vi dar vueltas al patio caminando
de cabeza sobre el cemento, concluí que
la razón estaba de su lado, al descubrir que
no hay otra forma de andar en este mundo
al revés.

COSECHA

Hubo una época en la que me preocupaba
el significado de las palabras; su sentido
tenía que corresponder con cualquier cosa
comprensible, como si todo en el mundo tuviera
una explicación. A veces, sin embargo, había imágenes
que no tenían ninguna correspondencia
con la realidad: flores abstractas, cuyos pétalos
recogía en el campo de la memoria, uno a uno,
para pegarlos en cada verso. Y esa contradicción
entre lo que quería decir y lo
que estaba escrito, donde no había
relación inmediata con el pensamiento,
me inquietaba. No obstante, al descubrir que
esa inquietud hace parte del poema, puse
a un lado el significado, y limpié de pétalos la
página. Me quedé con las palabras en su campo
de significados, verdes como las hojas
de la primavera; y al pasar bajo las ramas de la
frase, arañándome en sus consonantes mas
ásperas, y respirando el aire fresco de las vocales,
advertí que el sentido se encuentra en el gesto
con que lanzo a la tierra la semilla del azar,
para que de ella nazcan los arbustos

en cuyas ramas se cobijan los pájaros
que cantan en esta estrofa.

EPISODIO MUSICAL

Al oír las suites inglesas de bach, la humedad
de los campos me envuelve con una niebla de ríos
y una aureola de orillas. Esta música me empuja,
por sus manos de sonido, hacia el ritmo que el poema
debería encontrar en el límite de tus cabellos; y tú,
contra el portón, en ese contraluz que te incendia
el rojo de la túnica sobre el fondo blanco de los
muros, robas al clavecín su sonrisa profana
plantando en sus teclas un deseo que el jardín
de tu cuerpo hará florecer. Así vienes hasta mí
por los escalones de este ritmo que bach inventó,
para describir no se sabe qué danza, movimiento
de faldas con el viento, columpio vacío que se eleva
en una entrega evanescente, en un rincón junto al arbusto,
hasta el silencio blanco donde el amor se cierra.

METAMORFOSIS

El árbol se transformó: hojas,
como si fueran cabellos; el tronco, un cuerpo
tan suave como ese musgo que el otoño
aterciopela; ramas, los brazos que buscan
la compañía del amado; y hojas, el vestido
que va cayendo, poco a poco, a medida que el amor
avanza. La comparación, va en el sentido
de la analogía; y roba al primer término
su sentido primero, para que sea apenas
la mujer, metamorfoseada en árbol, el objeto
central del poema. Sin embargo, cuando te abrazo,
siento el viento que abre tus hojas; y mi boca
procura la savia de tu tronco, esquivando las ramas
que, como brazos, me impiden el camino. Me pides
que sea el leñador y el fuego; pero tu jardín
mantiene su belleza, incluso cuando el incendio
nos ha consumido ya por dentro, en esa llama
que el deseo alimenta. El árbol permanece, sobre
el otoño y el invierno, con su ansia primaveral; y
yo me acuesto a su sombra, que me calienta,
escuchando el canto que la tierra me enseña.

TROVAS

No es un sueño tu cuerpo,
ni ilusión lo que en mí siente
cuando en ti pienso, y lo que pienso
hace lo que siento más presente.

Es tan real lo que digo de esto
que me dices cuando hablas,
y te oigo decir lo que yo digo
en ese instante en que te callas.

Y esta imagen que de ti poseo,
si la robé fue porque la diste,
sin yo pedírtela, al pedirla
en el gesto con que la ofreciste.

Por eso digo que soy tuyo,
y tú eres mía, sin decirlo,
sólo en el sueño que donamos
de este amor para vivirlo.

ANGUSTIA

«Crees en Dios? ¿Sabes dónde
quedan los campos del Paraíso? ¿Conociste alguna vez
los ángeles finales?». Y se calló. La tarde
podía caer, como la mañana levantarse en aquel instante; las inversio-
nes
del tiempo, y las angustias de la muerte, le roían
el alma; a veces, se sentaba, y respiraba más hondo,
arrojando lejos la asfixia del invierno. «¿Necesitas ayuda?»,
insistió. «¿Tienes contigo el ocio de la eternidad? ¿Estás de acuerdo
con la idea de la vida más allá de la vida?». Pero se limitó
a no creer en nada. Para eso sirven las preguntas: para mantener la
buena conciencia, como si al hacerlas se supiera
por qué ya no es preciso encontrar la respuesta. Y pidió
que cerraran la ventana. No quería ver el cielo; mucho menos,
saber que el tiempo corría más allá de él, como si le
bastara separarse del mundo para confrontarse con su propia
soledad. Sin embargo, descubrió que no estaba solo; y que era él mismo
quien se hacía compañía con esas preguntas que lo
atormentaban a cada instante, sin que él lo deseara, y también con
las respuestas que sentía formularse en su espíritu, con
la lógica implacable de una memoria de filosofías y religiones, mas
absurdas unas que otras, encaminándolo
hacia el enfrentamiento final entre él y él mismo. «Y si ese yo, al final,

no fuera yo sino aquel que me habitó expulsándome
de mí para impedirme ser yo mismo al final de todo?» Entonces,
en la obscuridad del cuarto, se levantó y fue hasta el espejo,
donde se vio mirándose en el cristal
como si acabara de reconocer que no sabía quién
estaba al otro lado —de ese lado de la vida que lo expulsaba hacia
dentro del espejo, haciendo de sí mismo un extraño
de todo lo que alguna vez había sido.

EN LA MESA DE PASCOAES[5]

Oigo el agua del río correr dentro
del viento que tu voz me trajo. Filosofía,
periódicos, la duda abstracta de los alemanes,
entre subir y bajar por el calzada, se diluyen
en una taza que se enfría, mientras
hombres de traje antiguo se quitan el sombrero
al pasar entre las mesas.

«¿Hace cuánto tiempo que no viene por aquí,
Poeta?» Cuento las décadas con los dedos:
un fragmento de nada en el curso
de la eternidad. Entonces ¿para qué pensar
en el tiempo, el destino, la incertidumbre
que nos envuelve? Fue ayer mismo cuando
él estuvo aquí, detrás de este mostrador
hacia la plazuela de la iglesia, saboreando el gusto
de los inviernos de provincia, de gente
oscura y noches de hielo, en el campo.

---

[5] N. T. Teixeira de Pascoaes (1877-1952), está considerado una de las figuras más importantes de la literatura y la cultura portuguesa del siglo XX.

Pero esta tarde, con la filosofía
calentándome las manos, dejo que la memoria
de una vieja tertulia se extinga, como
el cigarrillo en el cenicero que me trajo
el camarero. El humo que aún queda, sin embargo,
se extiende en el aire, como esta idea de que
el ser es algo entre lo que somos y lo que
perdemos. Podría apartar ese humo con
la mano, haciendo que la idea se
disipara; pero preferí guardarla para
una conversación futura, en este u otro café.

Así, en una pausa de la tarde en que
ocupamos la mesa vacía donde las sombras
continuaban antiguas discusiones, el
tiempo se detuvo por un instante. Solo
el río continuó su curso, animando a la mujer
que vendía pasteles a la entrada del puente.
Lo cotidiano de estas tierras, digo, no es
nunca efímero; y un día futuro,
alguien empujará las sombras que
dejamos, en aquella mesa de café,
prolongando una conversación interrumpida.

PEDRO RECORDANDO A INÉS[6]

¿En quién pensar, ahora, sino en ti? Tú, que
me vaciaste de cosas inciertas y trajiste la
mañana de mi noche. Es verdad que te podía
decir: «¿Es más fácil dejar que las cosas
no cambien, ser lo que siempre fuimos, cambiar
apenas dentro de nosotros mismos?. Pero me enseñaste
a ser dos, y a ser contigo aquello que soy,
hasta volvernos apenas uno en el amor que nos une,
contra la soledad que nos divide. Mas esto es el amor:
verte incluso cuando no te veo, oír tu
voz que se abre a las fuentes de todos los ríos, incluso
ese que poco corría cuando junto a él pasábamos,
subiendo la orilla en que descubrí el sentido
de ir ambos contra el tiempo, para ganar el tiempo
que el tiempo nos roba. Cómo me gusta, mi amor,
llegar antes que tú para verte llegar: con

---

[6] N. T. Pedro de Portugal –después Pedro I– y Doña Inés de Castro contrajeron matri-
monio en secreto. El rey Alfonso IV el Bravo, padre de Pedro, nunca aceptaría esta
unión ni legitimaría a los hijos de la pareja. En 1355 ordenó el asesinato de Inés.
Pedro nunca perdonó a su padre. Cuando asumió la corona en 1357 mandó ejecutar
a todos los que participaron en el asesinato de Inés. En 1360 la hizo coronar y ordenó
la construcción de dos bellas tumbas en el Monasterio de Alcobaza para que sus cuer-
pos pudieran descansar juntos hasta la eternidad.

la sorpresa de tus cabellos y tu rostro de agua
fresca que yo bebo, con esta sed que no pasa. Tú:
la primavera luminosa de mi expectativa,
la más certera certeza de que te quiero, como
me quieres tú a mí, hasta el fin del mundo que me diste.

PEDRO E INÉS

Se deshicieron las estrellas en un azul quejumbroso;
lloraron nebulosas en los hilos del crepúsculo.

¿Hacia dónde huyen los amantes? ¿En qué
eternidad reposan los cuerpos cansados?

COTIDIANO DE ALDEA

El día comenzó con un toque de muertos
en las campanas de la iglesia, y terminó con dos viejos
discutiendo junto a la puerta de la taberna. Oí
las campanas pero no oí lo que decían los viejos.
El día, sin embargo, pasó sin que nada tuviese
relación con una cosa o la otra. El mar tenía el color frío
del otoño y, en el campo, las naranjas estaban
verdes, las granadas habían sido picadas
por los pájaros y los membrillos pendían
de ramas que no aguantaban su peso. Un saltamontes
saltó junto a mí, y cuando lo quise atrapar
huyó hacia el otro lado del canal. Si yo estuviese
hablando con los hombres de la taberna, les preguntaría
qué piensan del clima: si vieron los ríos secos,
la falta de agua en los pantanos, el modo
como ya a nadie le importa aquello
que debía ocurrir y no ocurre. «Vean»,
les diría, «¿por quién doblan las campanas?»
Podrían responder: «Otro más que ha muerto;
y son tantos que ni nos enteramos.» De hecho, pienso,
a aquella hora deberían estar muchos más hombres
a la puerta de la taberna, y las discusiones en voz alta
traerían sus voces hasta mí. Ahora todo es

en voz baja. «No queremos que la muerte nos oiga.» Y tienen razón: de ese modo, tal vez las campanas de mañana no doblarán por ninguno de ellos.

MELANCOLÍA (VARIACIÓN)

Era en la mesa del rincón donde se encontraban,
tal vez porque aquel rincón conservaba mejor
sus palabras, o quizá porque la sombra
daba al rostro de la amada el claroscuro
que necesitaba para que la luz excesiva
no deshiciera el misterio de sus ojos.

Hoy, sin embargo, cuando volví a entrar
en aquel café, habían cambiado las mesas y
ya no había nada en el rincón, tan sólo
un armario de botellas y copas. De hecho,
también la iluminación había cambiado, y
una luz uniforme borraba las sombras.

He aquí cómo el tiempo pasa, y cambia
las cosas. Allí, donde se habían encontrado
para compartir palabras que la sombra protegía,
con su misterio, sólo pasos apresurados
y conversaciones rápidas se oyen, y ni un breve
destello de memoria me trae de vuelta su rostro.

PRINCIPIO DE ODA

Y así, casi sin darme cuenta, como si
el tiempo no hubiese pasado, los meses no hubiesen consumido el sueño
y los sueños de quien creía que el tiempo todavía continuaba
pasando, volví a saber de ti, a tocar tus dedos
en cada letra de las palabras que me escribiste, a creer
que tu rostro me sonreía detrás de cada línea, de la línea más breve
de lo que me decías. Tal vez las ciudades no se iluminen con
aquello que acontece en el alma de una persona; ni ganen otra vida
cuando el corazón vuelve a latir con una fuerza renovada; pero
no necesito que estas ciudades se interpongan entre tú y yo,
ni que los campos mueran y se renueven con las estaciones
que estén por venir. Lo que es diferente es el fin de este silencio
que dolía, ahora que me basta saber que existes, que tu mirada
tal vez gira hacia el cielo donde las estrellas hablan,
entre ellas, de eternidades sin dioses, y nos envían la música
oscura que el poema oye cuando le falta el eco
de tu voz. Y así las cosas encuentran de nuevo su camino, incluso
con los obstáculos del tiempo, con las espinas de hierbas secas
doliendo en los caminos de la memoria, donde tantas veces me pierdo
buscándote, acaso sin darme cuenta, no la más ausente de las
    presencias
sino, siempre, la más presente de las ausencias.

FILOSOFÍA Y CIENCIA

Hay diferencias aquí. Puede ser que sean
diferencias del tamaño de semejanzas,
tal como los frutos en la estantería del supermercado:
las manzanas de la derecha son iguales a las de la izquierda,
pero el sabor de las que están a la derecha no corresponde
con el sabor de las que están a la izquierda. Lo que parece igual,
por lo tanto, es apenas un engaño: sólo es igual
para que podamos sentir la diferencia. Así, este poema
que parece semejante a un poema a causa de los versos
y el ritmo, al final es diferente de otro poema cualquiera
porque hace pensar, más que sentir, lo que
significa que tiene una idea filosófica, al colocar
en el mismo plano la semejanza y la diferencia, aunque
también se puede decir que la semejanza
se encuentra en la diferencia, y tendríamos aquí
la verdad de los contrarios. La síntesis, para seguir
el raciocinio filosófico está en la manzana; y
el descubrimiento, para pasar al plano científico,
se encuentra en el acto de comer la manzana que
permite distinguir la diferencia de sabores
después de la semejanza de morderla.

FE

Conocí a un hombre encerrado en su cabaña.
Los barrotes eran de vidrio. Por las ventanas entraban
los vientos de todos los puntos cardinales. La cocina
ennegrecida por el humo de antiguas comidas.
El hombre limpiaba las paredes con las sábanas
de la cama. Sus manos tenían el color del hollín
y del polvo. Por sus ojos vacíos se escurría la luz
de los siglos. Pero el hombre, encerrado en su
cabaña, no le abría la puerta a nadie.
Podían decir su nombre. Podían pedirle
que saliera, al menos una vez, y se diera cuenta de que
había sol. Allá adentro, el hombre no se enteraba
de nada. Se olvidó del mundo. Encerrado en
su cabaña, entre los barrotes de vidrio y
las paredes sin tinta, el hombre deletreaba
el nombre de dios, sin nunca llegar al final.

FIN DE AÑO

En la aldea desierta, por la noche, en la puerta
de una taberna donde no hay nadie,
la mujer joven busca una luz que la
abrigue. Está inmóvil, como si por su rostro no
pasara más que una sombra que
ni siquiera la mañana disipará. Los brazos
caídos le dan la apariencia de quien posa
para una estatua que se podría llamar
angustia, o indecisión; pero su boca
cerrada tiene una fuerza que espanta
esa primera imagen, y me lleva a
preguntarme por qué será que no sale
de allí, de la aldea desierta, por qué no entra
en la taberna para liberarse de la noche,
o sigue el camino de los hombres
que buscan la ciudad. La mujer joven,
sin embargo, no sabe que pienso en su
destino; y se limita a buscar una luz
con los ojos, para liberarse de la sombra
y afrontar la vida con su rostro
de labios cerrados en el secreto que
adivino.

NUEVA TEORÍA DE LA LITERATURA

¿Qué es la literatura? No es sólo esa vibración
que veo en tus ojos, y me obliga a describir
las oscilaciones de su color en un instante entre la mañana
y la tarde, cuando la primavera te contamina con su
luz; ni la risa que tus labios me devuelven,
en el ciclo de marea en que todos los acantilados
me conducen a ti. Puedo decir que la literatura
es todo, y es la nada que alimenta ese todo cuando
nos sentamos a la orilla del ser, y el amor nace de su
circunstancia; o puede ser la sombra que la muerte
esconde, en un azar de invierno, para que las palabras
que digo la liberen de su olvido. La literatura
es una memoria de aceitunas y naranjas en el verano
de la infancia; es la caída del viejo, cuando el otoño
se aproxima, y la repentina certeza de que una silla
quedará vacía en el atrio de la casa; es tu cuerpo en mí,
completando recuerdos y liberando imágenes; es
la mesa llena en el instante de la vida, con
sus platos rebosantes de sueño y los vasos
llenos con el rumor transparente del tiempo. No
es preciso aprenderla; alimentarla de casualidades,
se mueve con las alas del silencio; canta con
la música de un movimiento amado. La encuentro

cuando no la espero; y voy a su encuentro
cuando tu mirada se cruza con la mía. Está
aquí, en cada paso que doy, dura y frágil como
la flor del campo, que se renueva cuando la cogemos,
y vive para siempre en la mano que la ofrece.

CIUDADES EN LAS QUE EL VIENTO SOPLA

Las mujeres se recuestan a la puerta por donde ha de llegar
occidente. Sus cabellos están mojados por el viento del norte,
pero ellas saben que occidente los secará. Las mujeres
fuman con boquillas de oro y de plástico: el humo
sale de sus labios pintados. El viento del norte empuja su humo
rojo al sur, donde las nubes manchadas de carmín
también esperan a occidente. Las mujeres se adormecen
recostadas contra las vitrinas de occidente. Del otro lado de las
        vitrinas, los criados
muestran sus bandejas de café y de pasteles de arroz; y las mujeres
retocan sus labios antes de entrar en el café para sentarse
en las mesas (de?) occidente, cruzan las piernas para que los hombres
del norte les vean las rodillas y la parte más blanca de la pierna
antes de que la sombra de occidente la esconda a sus ojos. En ese
café, esperé a occidente. Me senté en la mesa frente al café y el pastel
de arroz; curioseé los muslos de las mujeres que cruzaban las piernas
        esperando
que la sombra de occidente las protegiera de la mirada
        de los hombres; bebí
el agua que escurría de sus cabellos mojados por el viento del norte,
        y sentí
el frío del norte escurriéndome por la garganta. Oí la risa de esas
        mujeres. Recogí

las palabras que ellas dejaban caer en las mesas por donde pasaban;
las limpié del rojo
de carmín para que occidente no encontrase sus palabras manchadas
como las nubes del sur. Vi a esas mujeres salir del café, al final
de la tarde, y desaparecer por detrás de las vitrinas donde
occidente no había llegado. Me quedé con su llanto. Me quedé
con sus cabellos mojados en mis manos; y los tiré en medio de la plaza
esperando que los vientos del sur los secaran. Esos cabellos se agitan
por entre las copas
de los árboles donde los pájaros del sur todavía cantan. Me golpean
la cara. Atravieso
la plaza sin mujeres, y veo caer sus cabellos con la tarde, como
si occidente ya hubiese llegado a esta ciudad de hombres
sentados en las mesas del norte, bebiendo café, sin mujeres
con piernas hacia donde mirar, mientras matan el tiempo
esperando a occidente.

SUR

Allí todo es simple y complejo: la luz,
la soledad, la mirada que se conmueve con el caer
de la noche y con el nacer del día y hasta con
la risa de las mujeres que se oye desde lejos,
traída por un aire cuya transparencia se siente
en la propia respiración. Sin embargo, me inclino
sobre el balcón y descubro que algo se oculta
más allá de los muros y jardines y me llama
sin que yo pueda responderle. Entonces,
vuelvo adentro: preparo el café y,
mientras el agua hierve, el misterio desaparece
inútil y excesivo, en el inicio de la tarde.

EN LISBOA

Entras en el café y te sientas en la mesa que
aún no han limpiado, como si no tuvieses
elección. Apartas de ti el cenicero, la taza todavía
tibia, la copa de aguardiente bebida hasta la última
gota, y sacudes los cabellos para que las sombras
que allí estuvieron se disipen. Tus ojos
quedan presos en el techo, donde quedó un papel para
atrapar moscas de un verano que hace mucho que
pasó. Manchas de humedad y de humo,
y yeso a la vista, componen el cuadro
abstracto donde procuras un sentido para
aquello que te falta. Tus manos vacilan, sobre
las piernas, como si no hubieses decidido
qué hacer. Pero si volvieras a salir, ¿adónde
irías ahora que la tarde cayó y ya no
vemos a nadie detrás de la vitrina? Y
si te quedaras, ¿quién podría llegar, a esta hora,
para no dejarte sola contigo misma, en esa mesa que
el camarero tarda en venir a limpiar? Sin saber
por qué, guardé tu imagen, y ando con ella
en este poema que sabe tu nombre, sin nunca
decirlo, como si le hubiese pedido que guardara el secreto.

POESÍA

Este árbol entró en mi cuerpo con sus raíces
de fuego; me devoró el alma con sus ramas encendidas de
inspiración; corroyó cada rincón de mi ser con las
hojas blancas de su ansia; y en cada primavera dio
la flor más inesperada con la música de sus pétalos,
y el brillo de la imagen que se abre cuando la mirada
procura el centro de la corola. Es un árbol que no se seca
ni precisa de agua; que no pierde las hojas ni las flores
a pesar de inviernos y otoños; que comparte el día
con la noche, cuando procuro su sombra, y es su luz
la que me llena. Podía ser un árbol de aire libre, pero
también crece en los cuartos más oscuros, en las salas
donde se acumula el humo y la respiración de quien vive,
en los sótanos donde la luz no entra. Le cortan en vano las
raíces: en vano intentan apagar su fuego: nace de ser
el humus que lo alimenta; corre en las venas la savia
que le recorre. Mas no crece solo; es en ti donde
encuentra su tierra más fértil, en el frío del invierno,
el aire que lo envuelve, cuando tu ausencia lo asfixia,
el agua que sus flores beben, en la aridez del estío. Tú,
con tus dedos de yedra, tus labios de polen,
y el dulce musgo de palabras con que envuelves
su tronco. Árbol compartido, abrigando aves del amor,

dejo que tus ramas se extiendan sobre nosotros,
con su canto de nube, o su eco de bosque.

SINFONÍA PARA UNA NOCHE Y ALGUNOS PERROS

De noche un perro comienza a ladrar y,
detrás de él, todos los perros de la noche se ponen
a ladrar. Después, el primer perro se calla.
Poco a poco, los otros también se
callan, hasta que el silencio se instala, como
antes del ladrido del primer perro. De
noche no es posible saber por qué
ladra un perro si no lo estamos viendo.
Tal vez porque alguien ha pasado por
detrás de un muro; tal vez por causa de un
gato (esas sombras que se escabullen
por las puertas). No es preciso encontrar
razones concretas para justificar la noche de
todos los perros; pero es verdad que un perro,
cuando ladra, y despierta a los otros perros,
despierta a la propia noche, a sus fantasmas,
y nos obliga a mirar, por la ventana, lo que
no se puede ver, es decir, el centro de la noche,
el negro motor del mundo.

ENCUENTRO

Encontré, de noche, una esfinge.
No me hizo preguntas; nada quiso de mí.
Sus alas tenían marcas violetas; las ojeras
rodaban por su rostro. La agarré por los dedos; la empujé
hacia un rincón. No recuerdo de qué
hablamos; la noche caía, desde hacía mucho.

VUELVE A MÍ EN EL SILENCIO DE LA NOCHE

Vuelve a mí en el silencio de la noche
con tu voz que yo amo, con tus palabras
que yo no olvido. Vuelve hasta mí
para que tu ausencia no empañe
el cristal de la memoria, ni lo transforme
en espejo opaco de mis ojos. Vuelve
con esos tus labios cuyo beso soñé en un estuario
vestido con la mortaja de la niebla; y trae
contigo la alta marea de la mañana con la que
todos los náufragos soñaron.

EL LUGAR DE LAS COSAS

Me gustan las palabras exactas, las que aciertan
en el centro de las cosas, y cuando las encuentro
es como si las cosas saliesen de dentro de ellas.

Esas palabras son tan duras como los objetos
que designan, piedra, tronco, hierro, el vidrio
de espejos quebrados con el calor de la tarde.

Intento incendiarlas cuando escribo, como si
el fuego saliese de dentro de la frase y se esparciese
por el campo de la página en una devastación de sílabas.

Entonces, tiro sobre las palabras otras palabras,
agua, polvo, tierra, el aire seco del verano, para que la voz
no resulte quemada en este paisaje negro.

Recojo los restos, los adjetivos, los adverbios,
artículos, preposiciones, para que sólo las palabras que indican
las cosas queden en el lugar que ya tenían.

Poco importa que las frases pierdan sentido.
Quedan los nombres de las cosas, para que las cosas salgan
de dentro de ellos y las podamos ver en su sitio.

SEMIFINALES

Mientras holanda y croacia juegan, que gane uno
o que gane el otro, lo mismo me da, cuando el fútbol no fue
convocado, pienso en este pájaro que se soltó de
mi recuerdo tuyo, mientras el verano vuelve otra vez a
caldear con lluvias calientes y nubes continentales.

Entonces, podría esforzarme para que la estrofa tuviera
un verso más —recuperando la memoria antigua de la
sextina— para que tú ganases una figura real, laura
o beatriz, o a la simple mujer no nombrada, mas
amada, que puebla esos poemas que ya nadie lee.

En el descanso, mientras la noche llega y
el pájaro desaparece de la vista (estos pájaros no
son nocturnos y detestan las luces del estadio), el
poema prefiere transformarse en una hoja de álbum,
cerrando tu memoria como pétalo muerto.

Sin embargo, tu voz me recuerda que el partido continúa
más allá de lo que existe entre mí y la literatura. Al
contrario, en ese espacio que abriste en un vacío por
donde la vida entró, el gran pájaro del amor procura
el abrigo de tus ojos, ahora que la noche lo ha expulsado.

INTERNET

Nombre: Joseline. Nacida el
15 de noviembre del 76,
quiere un norteamericano que se
interese por ella. Soltera
y cree
en Dios sobre todas las
cosas. No bebe
ni fuma. Le gusta
andar en bicicleta, cantar
y conocer gente
seria.

Cristina. Católica, acompañada
por la Biblia, tiene 26 años y está
viendo si Dios le escoge un compañero
para ella y un padre para su hijo. Divorciada,
le gusta la playa y el cine, y aunque
no fuma cree que la fe mueve
montañas.

Ana María vive
con la tía.
Dinámica, divertida,

es soltera y no tiene hijos. Nació
el 4 de abril de 1980. Católica,
no bebe y no
fuma.

Ninguna de las tres toca
el piano o habla francés.

Amor punto com.

VERBO

Pongo las palabras encima de la mesa; y dejo
que se sirvan de ellas, que las partan en tajadas, sílaba a
sílaba para llevárselas a la boca, donde las palabras
vuelven a pegarse para caer otra vez sobre la mesa.

Así conversamos los unos con los otros. Intercambiamos
palabras, y robamos otras palabras, cuando no
las tenemos; y damos palabras cuando sabemos que están
de más. En todas las conversaciones sobran las palabras.

Pero hay palabras que quedan sobre la mesa
cuando nos vamos. Se quedan frías, por la noche; si una ventana
se abre el viento las tira al suelo. Al día siguiente
la mujer del servicio ha de barrerlas como basura.

Por eso, cuando me voy, verifico si quedaron
palabras sobre la mesa; y las meto en mi bolsillo sin que nadie
se dé cuenta. Después, las guardo en la gaveta del poema. Algún
día, estas palabras han de servir para alguna cosa.

EL BAÑO DE SUSANA

Entre ella y el agua, un hilo de
oro. Después, cierra la luz, y
el oro pasa a plata, y la plata
se evapora en sombra. Sólo
ella queda, inmóvil, bajo el cielo
donde las estrellas son ojos, y la
luna un reflejo de su piel.

Pero vuelve a encender
la luz, como si quisiese que
la vieran. Y cuando se mira
al espejo, descubre la belleza
de su cuerpo que ella hace
danzar, mientras se desnuda,
y todas las estrellas brillan
como ojos ansiosos de vida.

Entonces, cerrando el agua,
entra en la bañera. Y los viejos
saltan detrás de las cortinas, de
dentro del juncal, de debajo
de la hierba, de encima de los doseles,
mientras ella, de espaldas,

se frota la piel con la esponja
de esos ojos que la atraviesan.

EJERCICIO DE GRAMÁTICA

Tú, la que
los vientos recorren
con los labios
del horizonte,
y una extraña nube cubre
como el pañuelo amargo
de la madrugada: dame
tus manos, ahora
que tu nombre se
demora en los oídos de la tierra;
o corre por ese río
subterráneo que desagua
en el fondo
de los espejos, de donde
ninguna voz te llama.

Tú, el más
abstracto de los pronombres,
vestida con el fuego sordo
de la última vocal, como
si una sombra de silencios
danzase entre
murmullos y memorias: no

partas con el nacer del día,
el sueño vago de un deseo,
o la luz efímera
con
que te miré.

Quédate en la tinta de mis dedos,
vestigio de un verso, secreto
sin rostro; o llévame contigo,
limpio de reflejos y pronombres,
mientras un rumor de fuente
me enseña a encontrarte.

CAMONIANA

¿Quién eres tú, bárbara, que habitas
en un poema que se estudia en las escuelas
y se lee en los recitales?
¿tú que te limitaste a ser amada
por un poeta que, tal vez, sólo
te dio a cambio de amor
ese poema que tú, tal vez,
nunca llegaste a oír? ¿Quién eres,
oh mujer más real que el mismo
poeta que te cantó, y de cuya vida
nadie sabe nada: salvo
que te amó y te acostó en ese
poema en el que todavía vives, y respiras,
como en el día en que él lo escribió
acordándose de tu cuerpo, y de tus
labios, y de los días, o las noches,
pasados contigo? ¿Quién eres,
mujer real y soñada que habitas
todos los poemas que ese poema
inspiró, y todos los sueños que
en esa bárbara encontraron una imagen
precisa y definitiva? Voltéate
en esos versos para que te veamos

el rostro, y dinos tu nombre: el nombre
verdadero y no ese que el poeta
inventó para llamarte en un poema
que de ti sólo guarda el secreto;
y duérmete, después, olvidando
lo que de ti dijeron, y los comentarios
a los que serviste de pretexto, y las imágenes
en que la que, una tras otra, fuiste perdiendo
la tuya, y única, imagen.

UN PEDAZO DE CIELO

Tú, la que amo en esta mañana
que trajo tu imagen con los ruidos
de la calle, acércate a la ventana,
levanta las persianas del cuarto, y mira
hacia el cielo como si fuese
un espejo. Dime, entonces,
¿qué ves? ¿Las nubes que pasan
por tus ojos? ¿Un azul cuya
sombra te dibuja el contorno
de los párpados? ¿La mancha rosada del naciente
que el horizonte le robó a
tu rostro? Pero no te demores. Un espejo
no se puede mirar mucho tiempo; y
el cielo de la mañana cambia con
las variaciones del alma. Puede ser que el cielo
robe una sonrisa a tus labios: y
me la traiga, para que yo la ponga en este poema,
donde te veo, un instante, mientras
la mañana no acaba.

EN TIERRA

Atravesó el muelle con las manos en los bolsillos. Desembarcó
en la víspera y, a pesar de la lluvia, visitó la ciudad y los bares
bebiendo vino de una botella que traía con él
desde una taberna en Oriente donde despertó borracho. Al entrar
en el navío, volviendo a encontrarse con las grandes chapas
metálicas, las velas sucias, las cuerdas viejas y el viejo Bill
recostado en la amura, se rio de sí mismo. «¿Será así
el fin de mi vida?, ¿incluso yo me despertaré
un día sin otra cosa que hacer que, masticando tabaco,
recostarme en la amura del barco?». Oyó el ruido del agua
junto a la hélice, posó el sombrero en el escalón, sacó un papel
del bolsillo y escribió al azar: «Edimburgo, Belfast, Newcastle...».
En ese momento supo que esta vez se quedaría en tierra,
y que no volvería a conocer el violento sabor de las vigilias
nocturnas en pleno océano glacial. Recordó todo esto
una noche, al regresar a casa, cuando se sentó al borde
de la carretera para que el viento le barriese el espíritu con
los últimos vapores del alcohol, el mar del Norte
y la poderosa luz de los faroles iluminándole el rostro.

DOMINGO EN CASA

Mañana podría ser domingo, y
no haber sol, podría oír las campanas y
decir que era apenas una ilusión; podría
bajar a la calle y no encontrar al hombre
que vende los periódicos; podría llegar
a la plaza y no ver a las mujeres
en grupo camino de la iglesia donde
va a comenzar la misa.

Mañana podría no ser domingo
y las calles estar vacías como si
no hubiese nada que hacer; podría no
ser domingo y todas las tiendas
estar cerradas; podría no
ser domingo y alguien preguntar
qué es lo que se hace cuando no
es domingo.

Mañana podría ser un día cualquiera,
y no saber en que día estoy, podría
mirar el reloj y descubrir que
las manecillas están paradas; podría
oír a alguien hablando y no saber de dónde

viene la voz que sale de su boca, como
si estuviese solo.

O entonces, podría abrir la puerta y
ver que el domingo quiere entrar; y
halarlo hacia dentro de la casa, para
que allá afuera se queden sin domingo; y
salir a la calle en un día cualquiera,
preguntando a quien pase
si vio pasar el domingo.

PARA ESCRIBIR EL POEMA

El poeta quiere escribir sobre un pájaro:
y el pájaro huye de su verso.

El poeta quiere escribir sobre la manzana:
y la manzana se cae de la rama donde la posó.

El poeta quiere escribir sobre una flor:
y la flor se marchita en el jarrón de la estrofa.

Entonces, el poeta hace una jaula de palabras
para que el pájaro no huya.

Entonces, el poeta llama a la serpiente
para que convenza a Eva de morder la manzana.

Entonces, el poeta pone agua en la estrofa
para que la flor no se marchite.

Pero un pájaro no canta
cuando lo encierran en una jaula.

La serpiente no sale de la tierra
porque Eva le teme a las serpientes.

Y el agua que debía mantener viva la flor
se escurre por entre los versos.

Y cuando el poeta posó la pluma,
el pájaro comenzó a volar,
Eva corrió entre los manzanos
y todas las flores nacieron de la tierra.

El poeta volvió a tomar su pluma,
escribió lo que había visto,
y el poema quedó hecho.

POEMA

Las cosas más simples las oigo en la pausa
del viento, cuando un simple batir de lluvia en los
cristales rompe el silencio de la noche y su ritmo
se sobrepone al de las palabras. A veces es una
voz cansada que repite incansablemente
lo que la noche enseña a quien la vive; otras
veces corre, apresurada, atropellando sentidos
y frases como si quisiese llegar al final, más
rápido que la madrugada. Son cosas simples
como la arena que se agarra, y se escurre por
entre los dedos mientras los ojos buscan
una línea nítida en el horizonte; o son las
cosas que súbitamente recordamos, cuando
el sol emerge en una breve rasgadura de nube.
Estas son las cosas que pasan cuando el viento
se queda; y son las que intentamos recordar, como
si las hubiésemos oído y el ruido de la lluvia en los
cristales no hubiese apagado su voz.

FOTOGRAFÍA BLANCA

Veo esta situación con la nitidez del fotógrafo:
la cabeza posada en la mano derecha, un cigarro
preso en los dedos, la mirada perdida en casi
nada. E invento la imagen que se forma
en tu cabeza a partir de esa nada: una
nube, y dentro de esa nube, todas
las formas del sueño. Sin embargo, el cielo no
te perturba el pensamiento; ni los vientos
que traen y se llevan las nubes, como
barcos, en el océano de tu memoria. Y
vuelvo a la situación inicial: tú, sentada en la
mesa, para que yo te pudiese fijar
con la nitidez del fotógrafo, me miras
como si yo estuviese frente a ti; y
tu mirada borra el tiempo y la distancia,
desenfocando la imagen, como si el humo
del cigarro te envolviese el rostro, y
te trajese de vuelta a mí, como
nube, o sueño, que el viento disipa.

ESCENA BÍBLICA

En medio de la playa desierta, una ballena muerta. El cielo
estaba grisáceo. Las olas reventaban en blancas
explosiones. Dos o tres pescadores, y unos cuantos
niños, caminaban alrededor de la ballena, tapándose la nariz.
Nada se podía hacer por ella. Pero el viento llevaba el olor
lejos, y al aproximarme me preguntaba si
no debíamos abrirla para ver, si por casualidad, no habría
un Jonás en su vientre. El pescador más viejo
me apartó: «¿Y si allí estuviera alguien, qué
nos diría?». No supe qué responderle:
¿qué mensajes de un dios antiquísimo? ¿Qué
recuerdos de un tiempo de guerras y desastres?
¿Qué memorias de la mujer amada, de quien no
quedan huesos ni imágenes? Al día siguiente,
con un tractor, la ballena fue enterrada muy hondo,
en una fosa de su tamaño. Dicen que ninguna
planta creció allí desde entonces. Todavía hoy me
arrepiento de no haber oído la súplica de Jonás,
y de no haberlo sacado del vientre de la ballena.

ENIGMA ORNITOLÓGICO

Un pájaro entró en una nube.
O una nube entró en un pájaro.
«¿Dónde está la verdad?», preguntó
el hombre. «¿Está en el pájaro? O
¿está en la nube?». Y mientras
el hombre buscaba la respuesta,
el pájaro salió de la nube, haciendo
que la verdad saliese del hombre.

LA FUENTE DE LAS IMÁGENES

Cuando el poeta habla de «agua clara»; cuando
se refiere al trino de los pájaros que recuerda
el murmullo de los amantes; cuando oye el viento
y en él todos las memorias del mundo, ¿de
qué habla? Las cosas más personales no
pueden decirse; tampoco ese cuerpo, que él guarda
en un rincón de sí mismo, le pertenece
al poema que en él va a buscar su belleza,
y que sin él no habría existido. A la mujer
amada, con su signo de luz y su
llave de sueño, la visten todas las imágenes
que el verso envuelve como un nudo; pero
es su ausencia la que el poema completa,
en los días que nos separan, hasta
ese encuentro en que nos vaciamos
de saudade, nos deshacemos de palabras,
y sólo la música del amor se oye, en el silencio
de la casa, hasta lo más profundo de la noche.

EL TÉ DE SAMARCANDA

En un callejón de Samarcanda me encontré
con la muerte. Ella me miró como si
no me viese. Me acerqué y le pregunté
si estaba esperándome, pero ella volteó
hacia otro lado, atravesó la calle, y
la perdí de vista.

Un día cuando la muerte venga a buscarme
a un callejón de Samarcanda, voy a fingir
que no la he visto. Cuando me pregunte
si estaba esperándola, miraré hacia otro lado
y atravesaré la calle, hasta que ella
me pierda de vista.

O puede ser que Samarcanda no sea
el mejor sitio para encontrarme con la muerte, o para
que la muerte me encuentre. Entonces, le diré: vamos
a una tienda de tapetes, y subamos a uno de ellos
rumbo al otro lado del mundo,
donde nuestro encuentro
pueda acontecer.
Pero la muerte me dirá que el otro
lado del mundo está demasiado lejos. La muerte

ya viajó mucho para encontrar a quien
tenía que encontrar. Y mientras bebiéramos té
de menta, y habláramos de la vida de cada uno,
el hombre de la tienda caería muerto
frente a nosotros, de tanto desenrollar
sus tapetes.

SECUENCIA GRIEGA

En las tabernas griegas, donde
los muchachos se apoyan contra la barra
y discuten los problemas de la polis,
los viejos borrachos hablan de sexo
a espaldas de los muchachos. La luz de Grecia
entra por la puerta de la taberna, y atrae
a las moscas que se posan en los restos
de comida que los viejos
tiran al suelo. Lo que me gusta,
en Grecia, es oír a los moscardones
que sobrevuelan los charcos por
donde pasan los muchachos que acaban
de discutir sobre la polis en la barra
de la taberna. Los viejos se quedan
allá adentro y siguen bebiendo el vino
del barril, sin saber de qué hablar
ahora que los muchachos se
han marchado. Pero el verano
no descansa y el sol
de Grecia castiga las espaldas
de los muchachos que se desnudaron, en los peñascos,
y se tiran al agua para limpiarse
de la polis, de los viejos y de las moscas.

HIPASO DE METAPONTE

No dejó nada escrito, y hay versiones
contradictorias sobre su muerte. Así,
un matemático puede transmutarse
en filósofo apenas por la simple razón
de no haber encontrado, en el mundo,
una suma suficiente para sus cuentas. Pero
dijo que todas las transformaciones
tienen su tiempo bien delimitado; y habrá
sido ese el motivo que lo condujo
al suicidio o, en otra versión, que
hizo que un grupo de pitagóricos
lo ahogase para liberar su alma
 que, de ese modo, habría conseguido
purificarse en otro cuerpo (lo que
la muerte le impidió
demostrar).

INFANCIA

Fue en ese tiempo cuando oí hablar del ciclón que
derribó casas y plantó árboles exóticos
en el atrio de la iglesia; que una noche, mientras dormía,
el mar se iluminó por un instante y los gallos
cantaron como si fuese de día; que el jefe de la estación
paseó en bicicleta frente a la casa de su amante,
cuyo marido era sacristán y loco; que el padre
arrancó las piedras del piso de la iglesia y sólo recuerdo
que una de ellas cubría la tumba de una tal sancha
martins con cuyos huesos incluso jugué; que
el cielo de septiembre traía el otoño cuando el
plomo de las nubes bajaba y casi lo podíamos
tocar; que el campo, a lo lejos, ardía durante la
noche cuando los hombres no lograban dominar
los incendios; que las campanas tocaban con el ritmo
de las horas del reloj, y también cuando la puerta
de la torre estaba abierta e íbamos a halar la cuerda;
que las tardes nunca se acababan y ni siquiera
se sabía cuánto tiempo faltaba para el final de
las vacaciones; que mi abuela dejaba por la mitad la historia
del niño del bosque y su perro piloto, y el mundo
perdía su lógica en esas interrupciones; que
se comía la fruta arrancada de los árboles con la

navajita comprada en la feria; que los dos hermanos
se apedrearon en las calles mientras las puertas se
cerraban a la espera de que uno de ellos matase
al otro; que el desertor de la primera guerra gritaba
«viva Rusia», y yo lo dibujé;
que se hacía la matanza y era una fiesta, esa
misma madrugada; que el horizonte era limpio, y todo
alrededor eran campos y campos, hasta el mar.

LAS LEYES DEL CAMPO

En el terreno de la casa, después
de abrir la puerta de madera que daba
hacia la pocilga y el establo, había
otro terreno donde mi abuela cultivaba
los frutos más extraños: naranjas
sanguinas, granadas gigantes, uvas
azules, junto a lo que era habitual:
el moral de donde se salía manchado
de violeta, nísperos y perales que
parecían no madurar. Ella
conocía cada árbol y hasta sospecho
que hablaba con ellos; como también
hablaba con las gallinas, los puercos
y los peces que nadaban en el estanque
que no había sido hecho para tener
peces, aprendí que tenía un vocabulario
propio para hablar con esas cosas que
sólo ella conocía. También horneaba pan; y era
ella quien dominaba una cocina donde las únicas
herramientas eran el fuego y el hierro. Por eso, yo
veía en ella una alquimista de secretos
que sólo guardaba para sí misma. Y le doy la razón:
tal vez anticipara que su tiempo llegaba a su fin. No me refiero

a su vida, si no a ese mundo que la ciudad llegaría
a ocupar. El terreno, el gallinero, la pocilga
y los árboles desaparecieron, tal como ella, pero
quedó su imagen de cuando lanzaba la comida
a los animales, y ellos esperaban la orden
para precipitarse sobre los alimentos, yo hacía lo contrario
cuando veía la pala saliendo del horno
llena de bizcochos acabados de hornear.

EXISTENCIA SUBMARINA

Entreabro el agua, si es que se puede decir
que el agua se entreabre como se entre-
abre una puerta, una vida, o
el corazón, que está normalmente cerrado
en aquello que hasta se llama
la caja del tórax. Pero, el agua, si la entreabro,
es porque en su fondo hay ojos que están abiertos
en la corriente: buscan los míos, que
sin embargo, dentro del agua, son ojos ciegos,
e intentan contarme lo que pasa en el fondo,
entre las rocas, corales, algas,
cuyos dedos negros me tocan mientras escribo,
empujándome para el final del verso. Después,
vuelvo a cerrar el agua. No quiero que
esos ojos vean más allá de la superficie,
ni que me persigan cuando atravieso la calle,
para comprar el periódico, y mis ojos
se cruzan con los tuyos, cuyo amor
deseo, aunque no sé si eres tú, de hecho,
aquella con quien me cruzo todos los días,
por la mañana, o si apenas tropiezo con la sombra que
el sol me pone enfrente, en un súbito reflejo.

CONVERSACIÓN CON MI MUSA

Me dices que tengo una visión negra del mundo, cuando
el frío de las imágenes se sobrepone a la alegría que debía nacer
de la mañana. Conversemos acercar de esto: la poesía se hace sobre
el ruido del mar, incluso cuando el mar está lejos, y
las olas revientan dentro de las paredes que me
rodean, mientras una espuma sube por las maderas
de las puertas, colmando la casa de un olor a algas. Después,
los versos sudan un salitre de significados: los limpio
de la soledad, de los sacrificios de la memoria, de la sorpresa
ebria de los sonidos. Quiero que estos versos enmudezcan
cuando te vean llegar, y tú seas toda la poesía de su
canto. Tú, mi musa verdadera, a quien extiendo
el espejo de la estrofa para que tu rostro surja de
dentro de ella, con los labios que besé, aprendiendo
el sabor del amor. Así, esta imagen del mundo puede
cambiar en medio de un poema. Basta que entres
dentro de él, golpeando sus puertas, y haciéndome
sentir tu presencia, incluso si estás lejos. Es
un viento que sopla en mi venas, hasta la cabeza,
donde limpia las nubes más grises, abriendo ese azul
que tanto les gusta a las aves. Tú, con quien converso sobre
el sentido de la vida, oyendo tu risa sobre esta marea
que baja con las voces que el deseo sumerge, mientras
antiguas gaviotas se posan en una arena de murmullos.

MI ÁNGEL BARROCO

Te veo pasar, mi ángel barroco, bajo
los andamios del órgano en la iglesia en obras. Así,
eres un ángel que se liberó de la madera tallada del altar,
y me pide que lo persiga entre cielo y
purgatorio. Podía volar contigo hasta
las ventanas tapiadas del coro; o empujarte
hacia el rincón del fondo donde quedaba
el baptisterio. Pero te halé hacia la salida
y ambos subimos la escalera hasta lo alto
de la torre, donde nos esperaba la ciudad: tejados
y cúpulas, empedrados vacíos, palmeras y
glicinas en los jardines secretos. Podía esperar que
volases con alas de oro. Pero el sol te restituyó
para mí —Oh la más bella— para que la iglesia
no se quedara sin uno de sus ángeles, y yo
sin mi amada.

INTERCAMBIOS

Él tenía una amiga con la que habría querido acostarse. La
amiga tenía otro amigo con quien se acostó después
de saber que él quería acostarse con ella. Después
le dijo que si no hubiese sabido que él quería
acostarse con ella se habría acostado con él sin acostarse
con el otro. Pero el otro, que sabía que ella no
quería acostarse con él, se acostó con ella para que
ella comprendiera que era mejor acostarse con él que
con el amigo. El amigo dejó de ser
amigo de él porque no le gustó que la amiga
lo hubiese preferido. La amiga de los dos, por
fin, los convenció de no enojarse por ella haberse
acostado con el que no la quería, y acabó por
pedir al primero que se acostara con ella para
que no se quedara triste. Pero el amigo no quiso, porque ya había
hecho las paces con el que se acostó con ella, y no
quería que todo volviera al principio. Y fue así
como la amiga se enojó con el primero que quería acostarse
con ella por no querer dormir con ella, sólo
porque ella ya se había acostado con el otro, después de
saber que el otro ya se había acostado con ella, y él no.

UNA REFLEXIÓN SOBRE LA BELLEZA ETERNA INTERRUMPIDA POR LA VISIÓN DE LO EFÍMERO

La armonía, que para los clásicos expresaba la relación
de las partes con el todo, atravesó los milenios sin alterar
el equilibrio del hombre en el centro de su esfera. Ese
hombre, con su representación simétrica, se define
a partir de un universo que tiene un límite
en la comprensión divina de la materia
y del espíritu. Y podría haber continuado el discurso así,
si no hubiese oído partirse un vaso en el fondo
de la casa: alguien que se distrajo, y que rompió,
de súbito, mi raciocinio. Al mismo tiempo,
sin embargo, descubrí que nada de lo que yo pensaba
era original; y sólo al recoger del piso los cristales
rotos, un breve brillo en su contacto con
la luz me hizo pensar que, al final, la armonía
también nace de la destrucción, y el centro de la esfera
se mueve hacia el fragmento que aseguro con
los dedos, antes de tirarlo a la basura.

POEMA DE AMOR PARA USO TÓPICO

Te quiero, como si fueses
la presa indiferente, la más oscura
de las amantes. Quiero tu rostro
de blancos cansancios, tus manos
que vacilan, cada una de las palabras
que sin querer me diste. Quiero
que me recuerdes y olvides como yo
te recuerdo y olvido: en un fondo
en blanco y negro, desnuda como
la nieve matinal se desnuda de la noche,
fría, luminosa,
voz incierta de rosa.

ESTROFA

Tus cabellos me traen de vuelta
un concepto de realidad. Los toco,
como si nacieras de él —la Venus
vegetal de una subterránea mitología—
o como si una ventana se abriera
dentro de tus frases. Y atisbo
el otro lado, cuyo paisaje se
ilumina con la forma de tu cuerpo:
valles y colinas por donde corren
los ríos invisibles del amor.

FONS VITAE

Las confidencias se demoran en el cielo de la boca
como las lentas nubes del otoño. Las soplo,
para que el cielo se limpie y sólo una niebla vaga
se pegue a lo que me quieres decir; pero
acercas tus labios a mi oído y tú, sí,
me cuentas qué cielo es este, y de dónde
vienen las nubes que lo cubren. Sentimientos,
emociones, pasiones, se interponen entre
las frases. No hay otros asuntos
cuando nos encontramos, y comienzas a hablarme,
como si fuera el corazón la única
fuente de lo que decimos.

POETICA (VARIANTE CON CONSTRUCCIÓN CIVIL)

Escribo entre los andamios,
ando entre versos. Una idea de
construcción se levanta en
medio de palabras y ladrillos. El muro
del verso me separa de la vida; mas
subo la escalera de la estrofa, atisbo
el otro lado: y te veo.

Pareces tranquila, con tu vestido
amarillo, y el sol entrándote por los
cabellos. Yo voy a remolque del tiempo;
y tú, con los pies firmes en la tierra
del campo, podrías ser una más de esas
flores que crecen, en esta
estación, amarillas como tu vestido.

Comienzo, entonces, a quitar
los andamios. Las vocales se mantienen, con
su argamasa de yeso y
consonantes. Te abro la puerta. Tú,
entras en el poema; y nos quedamos allí los dos,
oyendo la música.

HASTA EL FIN

Pero así es el poema: construido despacio,
palabra a palabra, e incluso verso a verso,
hasta el fin. Lo que no sé
es cómo terminarlo; o si
el poema quiere terminar. Entonces, te pido ayuda:
halo tu cuerpo
hacia su centro, lo acuesto en la cama
de la estrofa, lo desnudo de frases
y de adjetivos hasta verte,
tú,
el más desnudo de los pronombres. Quedamos
así. Abandono, palabras y versos,
y todo lo que
no es preciso decir:
tú y yo, llamando al amor
para que el poema termine.

ÍNDICE

Sobre la antóloga y traductora

Lauren Mendinueta, Barranquilla, Colombia (1977). Poeta, ensayista, traductora de grandes autores portugueses como Nuno Júdice, Ana Luísa Amaral, Fernando Pessoa, Maria Teresa Horta, Vasco Graça Moura y José Luís Peixoto. Es autora de varias antologías de autores colombianos y portugueses. Junto a Nuno Júdice organizó, tradujo y prologó libros de importantes autores hispanoamericanos en Portugal como Álvaro Mutis, Gioconda Belli, Juan Manuel Roca, Carmen Yáñez, María Gómez Lara y la antología *Um País que Sonha (cem anos de poesia colombiana)*.

Ha publicado una docena de libros, algunos de ellos traducidos y editados en seis países. Publicó en Difácil sus libros *La vocación Suspendida* (Premio Martín García Ramos) y *Del tiempo, un paso* (Premio César Simón). Desde 2007 vive en Lisboa, donde a la par de su escritura, desarrolla una intensa labor de difusión de la poesía hispana en Portugal y de la poesía portuguesa en España y Latinoamérica. Es la directora de esta colección de poesía Europea.